Menschensuppe

Wie gehabt: Für Vigdis, Risto, Sinikka, Tinna und Riikka!

Und natürlich für Solveig.
Wahnsinn – es gibt fast 4 Milliarden Frauen auf der Welt und ich verabrede mich mit der besten davon zum Kauf einer Badehose für ihren Bruder.

Menschensuppe

gekocht von Frans Brood
gewürzt mit Zeichnungen von Vigdis Heisler
abgeschmeckt mit Fotos des Autors

Herstellung und Verlag: Books on Demand GmbH,
Norderstedt
ISBN: 9783839150962
Zeichnungen & Umschlagbild: Vigdis Heisler
Fotos: Frans Brood

Speisekarte

1. Üüaaaiiiimmpaüämpapaüüüääää.
2. In meinen Koffer packe ich.
3. Es werde Licht!
4. Packerl
5. Von Komparsen und anderen Assistenten
6. Storno
7. Hommage an Max Goldt
8. Reminiszenz an den Mann, der Barbara Auer traf
9. Das erste Mal
10. Moderner Ablasshandel
11. Handballer auf Entzug
12. Das Phantom
13. Halbwertszeit
14. Mediterrane Ausdruckskunst
15. Helterlein
16. Das Bullerbü-Syndrom
17. Ungebetener Besuch
18. Menschensuppe
19. Hören und Sehen
20. Schulbi gung, Jamba
21. Leker Opsalat
22. Danke, Walter
23. Inkontinenz über den Wolken
24. Lehrgeld
25. Hirnen für Darmstadt
26. Betrogen
27. Englischer Kalvill
28. Seilschaft
29. Frühlingsregen

Vorwort

Da ist also mein zweites Buch. In ganzen kleinen Schritten nähere ich mich den Auflagen eines Konsalik oder einer Pilcher. Gut, in sehr langsamen Schritten. Zumindest aber Dieter Bohlen sollte in Reichweite sein – was sie Anzahl der Bücher angeht.

Wenn ich etwas aus meinem ersten Buch „Mama Taxi und weitere Familienrhythmen" gelernt habe, dann ist es die unveränderliche Tatsache, dass ich einen Text so oft ich will zur Korrektur lesen, ihn grammatikalisch weitaus begabteren Menschen mehrfach zur Fehlersuche geben kann und dann doch als eine der ersten Reaktionen aus dem Leserkreis zu hören bekomme: „Nette Geschichten, aber mir sind einige Rechtschreibfehler aufgefallen."
Hieße ich Verona Feldbusch oder Pooth oder wie sie jetzt auch immer heißt, wären grammatische Unzulänglichkeiten Kult. Aber deswegen Dieter Bohlen heiraten? Das kommt nicht in Frage. Ich ziehe doch nicht nach Tötensen. Obwohl meine Verkaufszahlen durch eine Verbindung mit ihm sicher in die Höhe geschnellt wären, bin ich doch bei meiner Frau geblieben.

Immerhin stand „Mama Taxi" kurzzeitig bei Thalia neben den Werken eines gewissen Brecht. Das konnten weder Pilcher, noch Konsalik von sich behaupten. Zumindest hier hatte ich auch Bohlen übertrumpft.

Wieder geht es um die Familie. Aber nicht nur. Zeit ist vergangen. Kinder wurden groß. Und auch die Sorgen.
Jetzt werde ich mal sehr nachdenklich: Das ist manchmal wirklich nichts für ein unterhaltsames Buch.
Deshalb sind auch ein paar andere Geschichten drin, die nichts mit der Familie, aber viel mit Menschen zu tun haben.

Und was gibt es da für eine Vielfalt. Was bietet eine umfangreiche Speisekarte nicht alles an Themen; manchmal sorgsam angerichtet und edel-übersichtlich drapiert wie im 5-Sterne-Restaurant, oft aber auch zu einem leckeren gelben Brei vermengt wie die Kartoffelsuppe meiner Mutter: Menschensuppe eben.

In diesem Sinne:
Piep, piep, piep, ich hab' Euch alle lieb!

Guten Appetit wünscht Frans Brood.

Üüaaaiiiimmpaüämpapaüüüääää.

Ein Schwall finnisch-ugrisch anmutender Doppelumlaute brandet mir durch das Telefon entgegen. Es muss sich um meine Jüngstgeborene handeln, die ein ungeheuer wichtiges Problem quält.

Nach beruhigendem Zureden machen die Umlaute Platz für übliche Wortkompositionen aus dem großen Bereich der Schimpfworte.

Aha, Mama ist nicht da, es geht Groß gegen Klein, ich soll eingreifen. Im Hintergrund motzt die Schwester. Es ist einer dieser Anrufe, der rein gar nichts bringt.

„Papa, die blöde Kuh will mir nicht die Handynummer von Mama geben!"

„Wozu brauchst du die denn?"

„Ich will sie anrufen."

Wer doof fragt, kriegt auch doofe Antworten.

8

„Warum willst du sie anrufen?"

„Weil ich will."

Jetzt war die Antwort aber doofer als die Frage.

„Das ist kein Grund."

Stimmt zwar nicht, für Kinder ist das einer der wichtigsten Gründe überhaupt, vielleicht weiß das meine Tochter aber nicht.

„Weil ich wissen will, wo sie ist."

Diese Begründung ihres Wunsches zeigt, dass es so ist. Wollen wäre in Ordnung, nur nach dem momentanen Aufenthaltsort zu fragen ist es nicht. Unsere Kinder haben das GPS neu erfunden. PPS – Parents Positioning System. Wie der Satellit, der ständig Signale ausstrahlt, strahlen wir von unterwegs aufgrund der ständigen telefonischen Rückfragen. Ein ruhiger zweisamer Marktbesuch meiner Frau und mir hört sich ungefähr so an:

„Wo seid ihr."

„Im Auto."

„Wo?"

„In der Einfahrt." Später: „Auf Parkplatzsuche." Dann: „Beim Gemüsestand. Beim Bäcker. Beim Schlachter." Zuletzt: „Im Auto. Vor der Tür."

T-Com, Alice, Arcor und Co. freut es. Wahrscheinlich stecken die Kinder zuhause kleine bunte Fähnchen in Landkarten und beweisen uns später eine unökonomische Einkaufsplanung.

Meine Frau ist heute jedenfalls auf dem Weg zu einem Schwimmbad, wie ich dem Gemurmel der großen Schwester aus dem Hintergrund entnehmen kann. Mir wird klar: Neid spielt in dieser Angelegenheit eine Rolle. Da durfte wohl jemand nicht mit.

„Wir wollen nicht, dass ihr immer auf dem Handy anruft. Das ist teuer. Und die Fragen sind meistens sinnlos."

9

Sie überlegt ihren nächsten Schachzug. Aus dem Hintergrund gibt mir die große Schwester Recht. „Genau, du solltest Mama auch in Ruhe lassen."

Warum hat sie dann aber meine Nummer herausgegeben? Benötige ich keine Ruhe? Mein Büroschlaf ist heilig.

„Also, was ist los. Was willst du von Mama?"

„Ich will wissen, wo sie ist." Das „ist" wird sehr lang gezogen und droht ins Weinen überzugehen.

„Warum?" Auch mein „um" wird sehr lang. Nur drohend, ohne weinen.

„Weil ich will."

Endlich, da ist sie wieder, die kindliche Logik.

„Ich möchte nicht, dass du anrufst. Sie kommt bestimmt gleich wieder."

„Bringst du mir was von der Arbeit mit?"

Sie wechselt das Thema. Gut, meine Standhaftigkeit hat sich ausgezahlt.

Ich denke: Am besten ein Handy mit einprogrammierten Nummern.

Frage aber: „Was zum Naschen?"

„Ja, tschüss, hab dich lieb."

Sie legt auf.

Hat der Anruf ihr doch etwas gebracht.

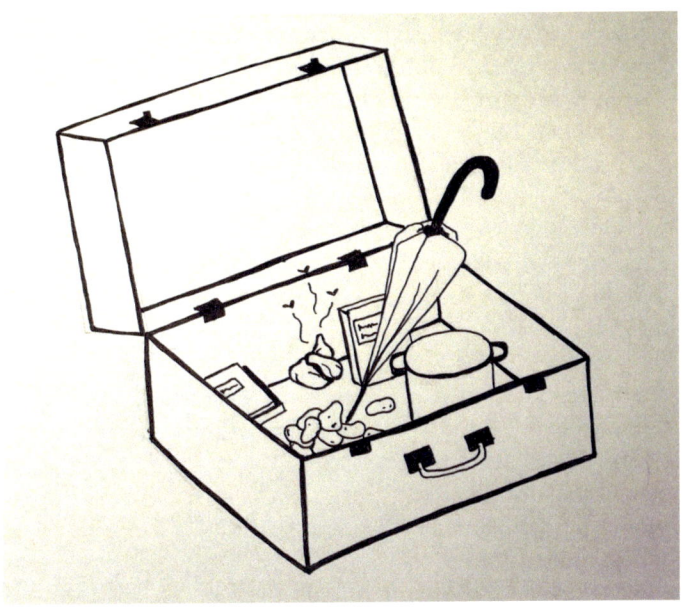

In meinen Koffer packe ich.

Wenn Tochter und Vater eine Reise tun, dann können sie was erleben. Oder auch schon vorher. Bei der Planung. Oder die Zöllner. Beim Grenzübertritt.

Es ist so einer dieser typischen Sonntagmorgen im Herbst. Der böige Nord-Ost klatscht nasse Blätter gegen die Schlafzimmerscheibe. 6 Uhr 32. Die Frau ist bereits im Wohnzimmer und arbeitet. Entweder yogisch-asanasisch, also daran, einen Besen 9 Minuten am ausgestreckten Arm zu halten, oder klassisch-hausfraulich, den Raum in 9 Minuten auszufegen. Beides hilft ihr in Stresssituationen.

Ich bin zwar müde, kann aber nicht mehr einschlafen. Taste nach der Fernbedienung für den Fernseher, um mich durch die Unzahl von Kinderruhigstellungssendungen zu zappen,

11

als die jüngste Tochter mit ganz kleinen Äuglein zur Tür hereinschaut. Schnell schalte ich den Fernseher wieder aus. Muss ein Vorbild sein! Werde nie erfahren, ob Spongebob verhindern konnte, dass der fiese Plankton das Rezept für die Krabben-Burger stiehlt.

„Du solltest doch mal ausschlafen!" (Sinnlose Anmerkung.)

„Nö."

„Komm, geh' wieder ins Bett." (Lächerlicher Versuch.)

„Nö."

„Dann komme her. Leg dich in Mamas Bett." (Schon besser.)

Sie schlüpft unter die noch warme Decke meiner Frau. Vielleicht doch noch ein Stündchen schlafen. Ich dämmere langsam weg. Der Novemberregen singt mich in den Schlaf.

„Papa, Kissenschlacht."

Ich grunze unwillig.

„Papa, ich sehe was, was du nicht siehst."

Einen müden Vater?

„Papa, ich packe meinen Koffer."

Oh ja, verreisen. Aus dem deprimierenden Herbst in die Sonne.

Ich gebe auf.

Meine Tochter fängt an, das Reisegepäck zu wählen.

„In meinen Koffer packe ich……äääh...…… (aller Anfang ist schwer, ich nicke bereits wieder ein)………...einen Regenschirm."

Es geht also doch nicht in den Süden; höchstens in den Südharz.

Ich nehme ein Buch mit. Etwas für Regentage kann da nicht Schaden.

Sie legt ein Sparschwein dazu. Das Kind denkt mit, so ein Urlaub ist teuer. Selbst im Landkreis Mansfeld-Südharz.

Von mir kommt ein Sparschäler, man weiß nie, wofür der mal gut sein kann. Außerdem müssen wir sowieso sparen. Und wenn es beim Schälen ist.

Die Tochter reagiert prima mit einer Kartoffel. Ich kontere mit dem Schnellkochtopf.

Sie erkennt die Gefahr, dass die Reise eher ein Umzug wird und schwenkt um zur Sonnenbrille. Gut. Wärmer. Doch etwas bieder.

Ich bringe Leben in die Bude: Flitzkacke.

Sie gluckst vor Vergnügen. Fäkalien sind immer gut.

Elchkacke lautet ihre Antwort.

Langsam wird es doch ein wenig eklig. Mit einer Decke verstecke ich den Inhalt des Koffers.

Sie verharrt jedoch beim Thema: Schweinekacke.

Ich versuche es noch mal mit einer Mohrrübe, doch sie bleibt sich treu: Hühnerkacke.

Ich möchte einen drauf setzen:

„In meinen Koffer packe ich: Einen Regenschirm, ein Buch (bei den unterschiedlichen Exkrementen komme ich nun ein wenig durcheinander, doch meine Tochter hilft mir großzügig)…Hühnerkacke und einen Popel.

Entsetzt schaut mich meine Jüngste an. „Du bist widerlich, Papa."

Stimmt.

„Ich gehe jetzt zu Mama."

Und schlau.

Ich drehe mich um und schlafe noch ein Viertelstündchen.

Und träume von einem Zöllner, der in unserem Koffer nach Schmuggelgut sucht. Der kann was erleben.

Es werde Licht!

So wie der Winter für Eisblumen am Fenster oder warme Grillabende, der Frühling für bunte Blumenwiesen oder überschwemmte ostdeutsche Niederungen und der Sommer für sich im kalten Wind wiegende Kornfelder steht, ist das Sinnbild für den beginnenden Herbst der Radfahrer ohne Licht. Nur um ihm eine größere Bühne zu verschaffen wurde übrigens die Winterzeit eingeführt: Schlagartig Anfang November hat der gemeine Radler die Möglichkeit, uns Autofahrer bereits am späten Nachmittag in seiner dunklen Tarnkleidung zu erfreuen. Insbesondere an schmuddeligen Regentagen mit eingeschränkter Sicht sieht er seine Chance zum großen Auftritt.

Laut Verordnung müssen sämtliche am Fahrrad verwendeten Beleuchtungseinrichtungen vom KBA, dem Kraftfahrtbundesamt zugelassen, fest montiert und ständig betriebsbereit sein (§ 67(2) StVZo). Mein Vorschlag: Das KBA sollte mit jedem neuen Fahrrad gleich einen Mitarbeiter (möglichst aus KBA - kontrolliert-biologischem Anbau - in selbst leuchtender Baumwollkleidung) ausliefern, der für die Einhaltung der Vorschrift sorgt und kleine Reparaturen vornimmt. Auf diese Weise könnte man ganz elegant eine ganze Reihe von Harz IV-Empfängern in Lohn und Brot bringen.

Die Freundinnen meiner jüngeren Töchter scheinen so einen Helfer allerdings schon zu besitzen. Ihre Fahrradlampen gehen immer, während bei unseren Rädern die Birnen kaputt sind, Kabel fehlen, der Dynamo hängt oder Rücklichter abgerissen wurden. Kürzlich haben wir ein brandneues Rad mit Nabendynamo und Standlicht zum Wohle der deutschen Wirtschaft und des lokalen Händlers erstanden, bei dem nach einmaliger Benutzung das Licht komplett ausfiel und Bremsen und Gestänge erste Verbiegungen aufwiesen. Der sofort hinzugezogene Garantiemonteur schlug dann auch folgerichtig vor, dass so ein Fahrrad ja schließlich nicht zum Gebrauch bestimmt sei und es durch sichere Verwahrung in einem Reinst-Raum unter gleich bleibend 15°C und einer Luftfeuchtigkeit unter 10% gut und gerne zwei Jahre halten könnte. So bis kurz nach Ablauf der Garantiefrist.

Insbesondere die vordere Beleuchtung ist leider konstruktionsbedingt für den Defekt vorbedingt. Die freistehende Lampe bricht halt leicht ab, wenn man das Rad zwischen zweihundert andere Schrottmühlen auf den Schulhof zwängt oder es in der Hektik, weil man wieder zu spät aufgestanden ist, rabiat an der Laterne bei der Bushaltestelle ankettet und der Drahtesel natürlich umfällt.

Bekanntermaßen bin ich nicht risikofreudig. Sonst hätte ich längst meine Bierdeckelsammlung über Ebay an einen russischen Investor verkauft (die erwerben alles, sogar Schalke 04!) und den Ertrag in die Patentanmeldung des in das Schutzblech integrierten Frontstrahlers investiert. Das Ganze würde ich billig in China unter Umgehung verweichlichter deutscher Arbeitsschutzbestimmungen produzieren lassen und mich nach zwei Jahren auf meiner Finca nördlich des Polarkreises niederlassen. Andererseits würde ich da, in der Dunkelheit des Nordens, immer in Angst vor der blutigen Rache der allmächtigen Miniglühbirnenlobby leben. Es ist schon gut, wie es ist.

Es gibt selbstverständlich Alternativen zur herkömmlichen Beleuchtung. Sieht man einmal davon ab, skandinavische Pilze zu essen, die auch 20 Jahre nach Tschernobyl noch passabel strahlen und mit denen man bei reichhaltigem Verzehr (2-3 Zentner pro Tag über ein halbes Jahr sollten reichen) wie von selbst strahlen würde, bieten sich Klemm- und andere Batterieleuchten an. Die sind zwar nicht zugelassen, werden aber vom Dieb gern angenommen. Insbesondere die Vorderlampen dieser aus gutem Grund immer nur im Set zu kaufenden Leuchtkörper ziehen bei uns regelmäßig die Füße ein. Mit den Rückleuchten könnte ich mittlerweile handeln; die Garage quillt über davon. Leider ist dann aber immer die Halterung abgebrochen oder das Gegenstück am Fahrrad weg, so dass, wenn mir nicht noch etwas Besseres einfällt, nur die finale Entsorgung über die Mülldeponie bleibt.

Wenn dann in meinem Kipplaster noch Platz ist, kann ich auch gleich die 800 Kilometer Lichterkette und die Kartons unterschiedlichster Ersatzbirnen aus meinem Keller mit entsorgen. Diese höchst unterschiedlich geschmackvolle Weihnachtsbeleuchtung ist mittlerweile so chinesisch-billig, dass es sich kaum lohnt, sie, je nach Grad der Religiosität, am 2. Weihnachtsfeiertag, Silvester, am Dreikönigstag oder Ostern, so wegzuräumen, dass sie im nächsten Jahr erneut Verwendung finden können. Gleiches gilt für die Suche nach dem Grund, warum Kerze 17, 23 und 230-294 nicht leuchten. Zudem bekommt man sie nie in die Originalschachtel zurück. Die Ketten quellen wie ein guter Hefeteig auf, aber fallen nie in sich zusammen. Man kann dann nur einen riesigen gordischen Knoten bilden, welchen man im nächsten Jahr garantiert nur mit einem Schwert auseinander bekommt. Darunter leidet natürlich auch die Lust, die Kette aus dem Baum zu entfernen, so dass die Adventszeit mühelos bis Mitte März verlängert werden kann. Nur ohne Pfeffernüsse. Die gibt es bekanntlich erst wieder ab September. Ich bin mittlerweile dazu übergegangen, bunte Plastikeier über die Birnen im Baum zu stülpen. Damit geht Weihnachten nahtlos in Ostern über und für Pfingsten finde ich auch noch eine Lösung. Und am Vatertag knalle ich mir mit Doppelkorn die Rübe zu und werfe die Lichterkette aus dem Baum in meinen Bollerwagen. Kotzen bei Licht: Klasse. Dieser Baum ist übrigens eine Kirsche und kein Tanne oder Fichte. Meine Hoffnung, die leuchtenden Eier würden als Synergieeffekt die Amseln davon abhalten, die Früchte zu stehlen, hat sich indes, wie so viele erhoffte Synergien, nicht erfüllt: Im nächsten Jahr dürfte vielleicht eine ganze Schüssel Kirschen übrig bleiben. Es sei denn, meine neuste Idee, die mir gerade gekommen ist, trägt Früchte: Ich werde die ganzen traurigen Diodenbatterieleuchtenrücklichtwaisen aus meiner Garage in die Kirsche hängen und irgendwie verdrahten. Wenn der Baum das trägt und nicht unter der Last zusammenbricht, hört man mich rufen „es werde Licht" und dann stecke den Stecker in die Dose und ein vom Kraftfahrzeugbundesamt zugelassener Kirschbaum wird leuchten und funkeln und wie noch nie. Dann denkt keine Amsel auch nur im Traum daran, eine Kirsche zu stibitzen.

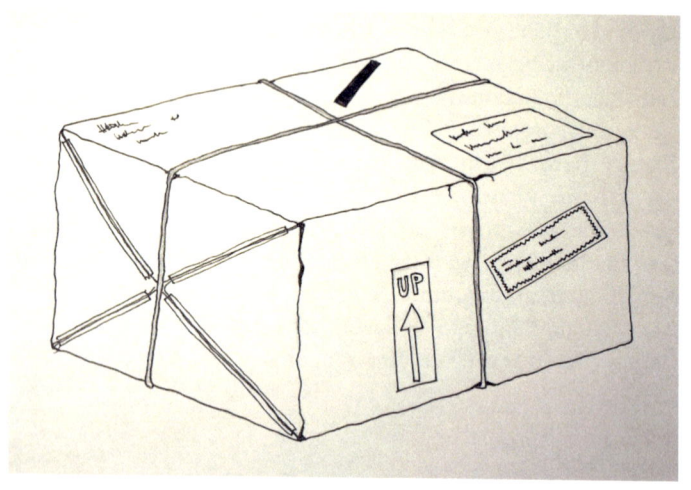

Packerl

Vor Jahren hatten wir im Rahmen der Städtepartnerschaft Hamburgs mit St. Petersburg eine junge Frau mit Sohn „zugeteilt" bekommen. Eine Zeit lang schrieben wir uns unregelmäßig Briefe. Und Pakete: Wir mit Zucker und Seidenstrümpfen, sie mit Blechspielzeug und Schokolade. Das Eintreffen der Pakete war stets eine spannende Sache für die ganze Familie, auch wenn man die Schokoladen nicht wirklich essen konnte. Vielleicht diente der schwarz-braune Inhalt nur als Unterlage für die Bilder des Panzerkreuzers Aurora und des Katharinen-Palastes. Oder es handelte sich um Bremsklötze für das aktuelle Lada-Modell. Obwohl sie dafür eigentlich zu hart waren und viel zu bitter schmeckten. Aber das Auspacken machte immer riesigen Spaß.

Wir schickten unsere Post über den CVJM oder den Arbeitersamariterbund, weil das Vertrauen in die russische Post unserem Vertrauen in das russische Demokratieverständnis entsprach.

Gelegentlich lieferte ich unsere Pakete in einer Ortsgruppe des ASB ab. So auch einmal in der Adventszeit. In einem dunklen Raum mit dem Charme eines gymnasialen Mittelstufenklassenzimmers saßen bei flackernden Windlichtern Dutzende von Seniorinnen bei Kaffee und einem Stück Butterstollen und lauschten einem bunten Medley festlicher Weihnachtsschlager. Und wenn man ganz genau hinguckte, konnte man hinter den Bergen von Paketen, die andere Städtepartner abgeliefert hatten, sogar ein paar alte Männer erkennen. Auf einer Fensterbank mühte sich eine Weihnachtspyramide aus dem Erzgebirge gegen den Dreivierteltakt der Musik und mir fiel spontan die Bevölkerungspyramide mit seinen Auswirkungen des 2. Weltkrieges ein. Auch hier würden sich bei jedem Tanztee hauptsächlich weiblich-gleichgeschlechtliche Paare auf der Tanzfläche zu Klängen Helmut Lottis herumwirbeln. Ich hoffte nur, die armen Senioren würden später aus dem Labyrinth voller Kartons heil wieder herausfinden.

Wir haben keine Weihnachtspyramide und auch musikalisch unterscheidet sich ein gemütlicher Nachmittag bei uns (noch) deutlich von dem beim ASB. Aber Pakete, die haben wir in ähnlichen Mengen.

Meine Frau besteht darauf, dass jeder in der Familie einen Adventskalender bekommt. Als einziges Zugeständnis an die Unmenge von Geschenken gibt es in manchen Jahren nur an jedem zweiten Tag ein Päckchen zu öffnen.

Beim letzten Mal kamen 168 zu verpackende Geschenke zusammen. Bedingt durch die Tatsache, dass meine ehelich angetraute Handelsfachpackerin immer erst am letzten Novembertag mit der Packerei beginnt, wurde es ein langer Abend, dem auch ich mich nach ermahnenden Blicken nicht verschließen konnte. Das Packen am letzten Abend ist ein Naturgesetz. So wie man Diplomarbeiten oder Ähnliches erst eine Minute vor Abgabeschluss in den Briefkasten des Hauptpostamtes wirft, kauft und verpackt sie Weihnachts-

oder Adventsgeschenke erst kurz vor ihrer Benötigung. Daran ändert merkwürdiger Weise auch die Tatsache nichts, dass wir alle schon ab August mittels Spekulatius und Lebkuchen auf die bevorstehende Weihnachtszeit hingewiesen werden. Was sich da vor den Kassen schon ab Spätsommer auftürmt, ist aber wahrscheinlich gar nicht echt. Vielmehr dürfte es sich um eine Art Werbeständer handeln. Wer greift denn schon in Badehose und Adiletten zu Glühwein, Zimtsternen oder Gartmannringen. Wenn man diese Waren anfassen würde, könnte man erkennen, dass es sich nur um einen großen Block Kunststoff, beklebt mit Fotos weihnachtlicher Produkte, handelt. Genial. Aber auch daneben.

Zurück zu unseren Adventskalendern. Sie werden übrigens immer im Wohnzimmer und nicht in den Kinderzimmern aufgehängt. Damit sparen wir uns die Weihnachts-dekoration, kaschieren geschickt renovierungsbedüftige Wandpartien und isolieren gegen die Winterkälte (jedenfalls früher, als der Nikolaus noch durch den hüfthohen Schnee und nicht durch Usambaraveilchen oder Gänseblümchen in unser Haus stapfte). Meine Frau bekommt von mir natürlich auch einen Kalender und meine Eltern schenken den Enkeln welche, so dass in Spitzenjahren 288 Geschenke plus 2 Rubbelloskalender auf die morgendliche Öffnung warten.

Doch zurück zu meiner Frau, die am 30. November auf einem Gletscher unterschiedlichster Geschenkpapierrollen vor dem Berg der Kleingeschenke sitzt und nicht genau weiß, wo ihr der Kopf steht oder ob sie ihn schon mit eingepackt hat. Das wäre vielleicht die Lösung: Mama gibt es am 24. Dezember, schön in Goldpapier mit Silberband verpackt. Wir packen sie erst aus, wenn der blaue Karpfen uns lustig anblinzelt, damit sie endlich mal das Weihnachtsfest ohne adventlichen Stress begehen kann. Um sich gut ausgeruht in die Vorbereitung der diversen weiteren Weihnachtsfeiern zu stürzen. Wir anderen müssen uns ja auch einmal vom Auspacken der vielen Adventsgeschenke erholen.

Mit den 288 Geschenken ist es aber natürlich nicht erledigt. Fünf Kinder, da kommt schon einiges weitere an Präsenten zusammen. Auf jeden Fall mehr als Ideen, die wir dafür haben. Neuerdings werden wir zusätzlich noch gebeten, für Verwandte oder Paten die Geschenke an unsere Kinder zu besorgen. Früher wurde der Wunschzettel abgefragt; heute ist so eine Art weihnachtlicher Rundumservice daraus geworden: Wir legen das Geschenk fest, kaufen es und packen es ein. Tauschen dürfen wir dann sicher auch noch.

Vergessen darf man auch nicht unsere Geschenke an nahe Verwandte. Und die Trainer der diversen Kindersportmannschaften. Und die Kleinigkeit für die Klavierlehrerin. Und den Briefträger. Und den Müllmann. Den Müllmann der gelben Tonne. Und den Papiermüllmann. Und den Schornsteinfeger, der sich auch nicht ohne Grund vor Weihnachten meldet. Demnächst bekommt auch noch der Gerichtsvollzieher ein nettes Geschenk. Zum Kuckuck, ein Geschenk mehr oder weniger macht den Kohl auch nicht fett.

Letztlich bleiben nur zwei Menschen, die Weihnachten voneinander nichts geschenkt bekommen. Meine Frau und ich. Wir schenken uns seit Jahren schon nichts mehr. Machen diesen Wahnsinn einfach nicht mit. Bis auf das Buch hier, die kleine CD da. Für mich ein neuer Kochtopf. Für meine Frau ein nettes Top.

Nach gefühlten dreitausend Geschenken (natürlich hat unsere jüngste Tochter an Weihnachten Geburtstag und darf nicht unter der ungeschickten Familienplanung leiden) fallen wir am 2. Weihnachtsfeiertag immer ermattet in die Polster und freuen uns auf das nächste Jahr. Dann gibt es nur Gutscheine für alle. Das haben wir uns fest vorgenommen. Da müssen sie durch. So hat eben jeder sein Packerl zu tragen.

Von Komparsen und anderen Assistenten

Erst neulich sprach mich, beim Sport, wieder jemand an. „Ey, ich habe dich neulich gesehen, zusammen mit deinem Bruder."

Ich muss wohl meine Eltern zur Rede stellen, denn mir haben sie immer erzählt, ich wäre ein Einzelkind. Doch dann stellte sich heraus, dass der Sportsfreund mich (und meine Frau) im Fernsehen gesehen hatte. Wir sind nämlich Komparsen, also das Beiwerk einer TV-Produktion, das unauffällig im Hintergrund steht, mal durch das Bild huscht oder mit fünfundzwanzigtausend Kollegen in römischen Uniformen einem Monumentalfilm historische Authentizität verleiht. In diesem Fall hatte sich nicht das bewahrheitet, was jeder Regieassistent vom gemeinen Publikum annimmt: „Die sind doch blöd, das merkt keiner." Und schwups, sieht man mich erst links im Gespräch mit anderen Komparsen, Schwenk, Schnitt, und plötzlich esse ich rechts mit meiner Frau ein Stück Torte. Das heißt, ich esse nicht, ich tue nur so und schaue hungrig. Die Torte wird wieder eingesammelt und entweder später von irgendeinem Assistenten weggeputzt oder landet im Müll. Und der gemeine Komparse guckt gierig. So gierig, wie er es auf Befehl des Regisseurs nie könnte.

Der Komparse an sich steht bei der Film-Produktion auf unterster Stufe der Nahrungskette. Das ist wörtlich zu nehmen, wie sich am Beispiel einer jungen Kollegin belegen lässt, die sich nach der Ansage des Aufnahmeleiters „Danke, Pause, Mittagessen" (gegen 22 Uhr!) durch strategisch günstige Positionierung plötzlich an vorderster Stelle der Essenausgabe befand. Ehe sie von der dort herumlungernden oder zum Wachdienst eingeteilten Assistentin des Aufnahmeleiterassistenten weggebissen wurde, noch bevor die Assistentin der Assistentin des Küchenbullen ihr eine Portion Wachteleier mit Putenfilet auf den Teller füllen konnte. Man lebt gut am Set, wie wir Künstler die Welt zwischen Kamera, Klappe und Kaffeekanne nennen. „Die Komparserie ganz am Ende!" lautete denn auch die deutliche Ansage in fröhlichem sibirischen Kasernenhofton, und während unsere junge Neu-Statistin sich zitternd in eine ruhige Ecke verkroch, standen wir erfahrenen Kempen dabei und warteten eben ab, bis der Regisseur, der Kameramann, die Schauspieler, der Tonmeister, der Lichtmeister, der Aufnahmeleiter, die Schminke, das Drehbuch, der Kameraassistent, der Tonassistent, die Technik, der Assistent des Kameraassistenten, der Busfahrer, ein paar streunende Hunde und zwei Passanten sich bedient hatten. Ich will damit nicht sagen, dass wir Komparsen nicht nett behandelt werden. Der Aufnahmeleiter sagt jedem guten Tag und wir dürfen uns dann im Set-Bus auf unsere Auftritte vorbereiten. Das ist in der Regel ein umgebauter Omnibus mit völlig unbequemen Sitzen, in dem sogar ab Mittag die Standheizung funktioniert. Im Hochsommer. Im Winter funktioniert nur die Lüftung. Bei guten Produktionen gibt es auch heißen Tee. Im Sommer. Allerdings meistens keine Toilette, was einen den Genuss des Tees bald bereuen lässt. Manchmal werden auch belegte Brötchen gereicht, die aber nur für das Team sind. Erst wenn sich die Leberwurst grün färbt oder der Käse die Ecken ermattet in die Höhe streckt, dürfen dann auch die Komparserie herzhaft zugreifen. Bei uns spielt es in der Regel keine Rolle, ob wir am nächsten Tag mit einer Magenvergiftung daniederliegen.

Über die Brötchen-Sache ist sogar ein Buch veröffentlicht worden. Eine Art brisanter Enthüllungsstory aus dem Komparsenleben. Natürlich bei BOD oder einem anderen Selbstverlag, an so eine heiße Geschichte wagt sich kein namhafter Verleger heran. Bei einem meiner letzten Drehs kam damit ein Komparse an und versuchte, in etwa so wie dieser Trenchcoat-Typ aus der Sesamstraße: „He, shhht, willst ein heißes Buch kaufen?"

Der Mann erzählte, dass der Autor selbst Komparse gewesen war und seitdem nie wieder am Set gesehen worden ist. Mit bedenklicher Miene gab er dann noch dem Käufer den guten Rat, das Buch nicht offen zu zeigen und ließ offen, ob der Autor von den Casting-Agenturen zur Persona non grata erklärt worden oder Schlimmeres mit ihm passiert war.

Irgendwann kommt dann die Aufnahmeleitungsassistentin und drückt einem ein Formular in die Hand, auf den man je nach bestehendem Arbeitsverhältnis gebeten wird, mehr oder minder wahrheitsgemäße Angaben zu Namen, Alter, Beruf zu machen. Sonst gibt es am Ende kein Geld.

Wie sie sehen, wimmelt es am Set nur so von ungemein wichtigen Menschen mit ungemein wichtigen Aufgaben. Jeder hat einen Titel und wenn es nur der Assistent ist. Wie in Wien. Herr Hofrat, Frau Ingenieur. Eigentlich könnt man uns Komparsen auch als Schauspielerassistenten bezeichnen. Am wichtigsten ist natürlich der Regisseur. Doch der ist meistens schlecht gelaunt und lässt seinen Assistenten die ganze Arbeit machen. Die beiden erkennt man immer daran, dass sie sich durch ein gleiches Kleidungsstück vom Rest der Filmcrew abhebt. Trägt der Regisseur eine chice Mütze, tut dies auch der Assistent, hat der einen besonderen Schal kann man sicher sein, das auch der Regisseur einen solchen um den Hals geknotet hat. Kürzlich hob sich allerdings einer der Assistenten von der Menge seiner Kollegen ab. Er hielt die ganze Zeit einen großen Löffel in der Hand. Womöglich war er früher Koch und rührte nun nach einer Umschulung statt Bouillabaisse oder Sauce Bearnaise Serien für das ZDF an.

Grundsätzlich ist man beim Film edel gekleidet. Jedes Loch der Jeans ist seine fünfzig Euro wert und bestimmt nicht zufällig in das Beinkleid geraten, sondern von französischen Designern hinein gekünstlert worden. Der Rest trägt eine legere Auswahl des Globetrotter-Katalogs. Wir Komparsen sind da nicht so frei, schon mit dem Auftrag der Agentur werden wir informiert, wie wir uns zu kleiden haben. Keine grellen Farben wie blau, rot, grün, schwarz, weiß, rot, gelb. Neben braun bleibt eigentlich ein unverfängliches Ocker oder ein harmloses grau. Aber wer hat schon Pullover in Ocker? Meine Frau trug neulich eine grüne Jacke. Mit schmerzverzerrter Stimme schrie plötzlich der Kameramann auf und schickte seinen Kameraassistenten zum Aufnahmeleiter, der seine Assistentin darum bat, der Statistin da mitzuteilen, dass diese Farbe ihm die Netzhaut verbrennen würde. Der Kameramann, der sich nur drei Meter hinter meiner Frau befand und ihr seine Probleme auch hätte selbst schildern können, zeigte sich dann aber verständnisvoll, dass die Jacke bei den herrschenden Temperaturen notwendig wäre und sofort nach der Probe zum Dreh abgelegt werden würde. Glück gehabt, es sind schon viel Komparsen für weniger geviertelt worden.

Die Befehlskette am Set erinnert mich immer an U-Boot-Filme:

Kapitän: „Tauchen, vorne 20, AK."

Offizier: „Tauchen, vorne 20, AK." Bootsmann: „Tauchen, vorne 20, AK." Hauptgefreiter: „Tauchen, vorne 20, AK."

Jetzt wissen alle, was sie zu tun haben und trotzdem wird das U-Boot mit Wasserbomben beworfen oder vom Zerstörer gerammt. Genau so ist es beim Film. Irgendwann sollte auf Grund der Wiederholungen jeder kapiert haben und trotzdem machen es alle falsch und sie Szene muss noch achtzehn Mal gedreht werden, weil das Licht falsch ist, der Ton nicht lief, ein Hahn im Hintergrund krähte oder der Schauspieler die Message nicht gefühlsecht rübergebracht hat. „Abbruch", ruft dann irgendein Assistent oder der Regisseur genervt „Danke" und „das machen wir gleich noch mal."

Am meisten Fehler machen natürlich die Komparsen. Hampeln herum, bewegen sich zu wenig oder, wenn sie einen weiteren Schritt auf der Evolutionsleiter erklommen haben, sagen ihren einen Satz immer wieder falsch. Die Profis verdrehen dann die Augen. Einmal mussten wir an einer Parkbank vorbei gehen, auf der kurz darauf jemand einen Herzanfall erleiden sollte. Als wir zu langsam waren und der Mann schon neben uns zusammenbrach, ermahnte uns der Regieassistent, schneller zu gehen, da wir uns sonst der unterlassenen Hilfeleistung schuldig machen würden. Es geht also auch freundlich.

Man trifft auf diesen Drehs immer die gleichen Komparsentypen: Den ältlichen Witzbold, der zu allem und jedem einen lustigen Spruch bringen kann, schon an unzähligen Produktionen mitgewirkt hat, aber eigentlich über den Dingen steht und alles nicht so ernst nimmt. Trotzdem ist er es, der die anderen beim Dreh immer weg beißt, sich ohne Rücksicht auf seine Kollegen in den Vordergrund drängelt, nur, um sich später drei Sekunden länger in Folge 740 vom Großstadtrevier sehen zu können. Auch erzählt er stolz von seiner immensen Videosammlung mit seinen Kurzauftritten. Neben diesem alten Hasen ist auch immer die erfahrene Nörglerin unter den Komparsen. Sie prahlt ständig mit anderen Dreharbeiten. Gestern, vorgestern, nachts, am Mittag. Sie kennt alle Casting-Agenturen, bemängelt den Service vom Wartebus über das Essen bis zur Bezahlung, zieht sich ständig den Lippenstift nach und läuft immer mit einer sauertöpfischen Miene herum, die einen spontan denken lässt: „Wow, die hat Spaß an ihrem Hobby!" Denn mehr als ein Hobby kann es nicht sein, wenn man pro Drehtag 60 Euro verdient und der Kaffee nicht mal von Jacobs ist. Von den Komparsen-Jobs leben muss allerdings die Dritte Spezies unter den Komparsen, die man immer wieder trifft: Den müden Studenten. Er (oder sie) kommt im letzten Moment, stürzt sich wie ein verhungernder auf alle kostenlos dargebotenen Lebensmittel und ist so mit dem Lesen dicker Bücher für den Grundkurs I Philosophie oder dem Schlafen beschäftigt, dass er (oder sie) auch schon mal den großen Auftritt vor der Kamera verpasst. Nur zur Geldausgabe wird er (oder sie) richtig aktiv und kann sich manchmal noch vor die erfahrene Nörglerin drängeln. Und dann gibt es eben noch Typen wie mich, die einfach nur Spaß daran haben, einem Regisseur zuzuhören, der maniert von Distance (bitte französisch betonen) spricht, wenn er die Kamera doch nur fünfeinhalb Zentimeter weiter weg haben will. Man lernt interessante Leute kennen, andere Komparsen, die Filmcrew. Weniger die Schauspieler, die sind meistens sehr introvertiert und sprechen sich immer wieder den einen Satz vor, den sie heute bringen müssen oder stoßen irgendwelche Geräusche aus und haben selten Zeit für einen Plausch mit anderen Leuten als der Schminke oder dem Kostüm. Einmal allerdings kannten sich die

Hauptdarstellerin und meine Frau entfernt aus der Schulzeit. Leider fiel meiner Frau der Name nicht ein, während die Schauspielerin den meiner Frau noch wusste. Das schien die Hauptdarstellerin doch ein wenig zu wurmen, spielte aber gekonnt zu Ende. Ein Profi eben. Zum Abschluss des Drehtages machte der Regieassistent dieses Zeichen mit der Hand, die den Kopf am Hals vom Rupf trennt. Wahrscheinlich sollten wir Komparsen wegen katastrophaler schauspielerischer Leistungen einen Kopf kürzer gemacht werden. Also flüchteten wir zum Aufnahmeleiterassistenten und kassierten unsere Gage. Ich natürlich doppelt. Wozu habe ich einen Bruder?

Storno

Es fing eigentlich alles ganz harmlos an, an diesem Tag im September.

„Papa, bringst du mir Eis und Strohhalme mit?"

Eine unserer Töchter wollte am nächsten Tag ihren Geburtstag feiern. Wurde auch Zeit, wenn man im Juli geboren ist.

Gut, zwischen dem Abliefern von zwei Töchtern beim Sport, sowie des Sohnes bei einer Jugenddisco und dem Abholen der Töchter, den üblichen Fahrdiensten eben, blieb noch eine Stunde zur freien Verfügung. Hurra, was gibt es da Schöneres, als zum freundlichen Supermarkt um die Ecke zu fahren.

Ich hatte Glück. Auf dem sonst immer chronisch überfüllten Parkplatz konnte ich mein Auto auf dem einzigen Mutter- und-Kind-Stellplatz ohne lästige Wartezeit parken. Die vielen Kindersitze im Auto würden mir ein prima Alibi geben. Und ich hatte tatsächlich einen Euro für den Einkaufswagen mit einem widerspenstig verklemmten Rad dabei, den ich mühsam aus seinem Vordermann ruckelte.

Eigentlich wollte ich das Eis am nächsten Tag kaufen, da ich Angst hatte, es würde auf dem Rückweg ohne Kühltasche schmelzen. Doch ich war gut in der Zeit und im Laden schien wenig Konkurrenz um die ersten Plätze an der Kasse. Also schnell den Wagen vollgepackt, hier und da ein paar ungeplante Dinge, der Einsatz der EC-Karte soll sich ja lohnen. Rasch noch einen Mann vorgelassen, der nur eine Dose Mais hatte und völlig verdutzt schien, dass ihm jemand freiwillig den Vortritt ließ. Er bedankte sich drei Mal. Nur mit Mühe konnte ich ihn abhalten, mir die Füße zu küssen.

Der Kassierer wandte sich mir zu und scannte meine Waren. Dabei vergaß er den obligatorischen Blick in den Spiegel. Ich kämpfte kurz mit mir, doch dann gewann mein grundehrliches Gewissen die Überhand und ich machte ihn auf die Kiste in meinem Einkaufswagen aufmerksam. Ein Fehler, der sich noch rächen sollte. Ich zahlte meinen Einkauf und wollte gerade zum Auto gehen, als ich etwas tat, was ich sonst nie in einem Supermarkt mache: Ich dachte nach. Nicht darüber, warum die Kassiererin an der anderen Kasse sich die Augenbrauen zupfte oder ob die Frau dahinten, die krampfhaft wegguckte, wirklich meine ehemalige Psychotherapeutin war. Nein, ich dachte über den Betrag nach, den ich soeben automatisch von meinem überzogenen Konto in den Geldspeicher der Supermarktbesitzer gepumpt hatte. Der schien mir doch recht hoch für die sieben Sachen in meinem Wägelchen. Ich blickte auf den Bon, den ich diesmal nicht sofort zerknüllt hatte und stutzte: Eine Kiste Cola-Light, Pet, 18,96 Euro plus Flaschen leer, 3,60 Euro?

Hatte da nicht 9,19 auf dem Schild gestanden? Und seit wann war Polyethylen hart wie Glas? Ich stellte mich fragend hinter die Kasse und wedelte mit dem Zettel. Der junge Kassierer, mit herrlichen Aknepusteln und dunklem Flaum über der Oberlippe auf dem Weg zum Mann, war offensichtlich ursprünglich eine der an die zwanzig Aushilfen, die mit mehr oder minder begeisterter Miene die Regale einräumten und uns Kunden im Weg standen. Er raunte mir ein nicht unfreundliches, neutrales „stimmt was nicht?" zu. Diese überschäumende Freundlichkeit musste ihn aus dem Heer der Hilfskräfte an die Kasse hochgespült haben. Er nahm meinen Bon entgegen, nachdem er von einer sehr attraktiven jungen Frau mit knabenhafter Figur noch schnell die 4,59 für einen Harzer und Salzstangen abgezogen hatte. Die Frau ging aus dem Laden und spielt in der Geschichte keine Rolle mehr. Wie viel Lebenszeit zur freien Verfügung sie gerade mehr erhalten hatte, sollte sie nie erfahren.

„Da muss ich wohl einen Storno machen", seufzte Flaumbart und hielt den Bon hoch in die Luft wie Ronaldo den Weltmeister-Pokal.

Mit kiek_siger Stimme rief er „einmal Storno" in die Weite des Marktes und stellte seine Kassierertätigkeit ein. Von der Kasse gegenüber rief die Frau mit den gezupften Augenbrauen:

„Was is´n los"?

Flaumbart nuschelte etwas wie „geht schon", als nach ein paar Minuten eine andere Kollegin in ehemals weißem Kittel angerauscht kam und mit dem Schlüssel zum Storno-Glück wedelte. Ich lächelte der Kundin aufmunternd zu, die als nächste dran gewesen wäre. Die Frau, sie trug trotz des guten Wetters eine Regenjacke, lächelte nicht zurück.

Kittel ließ sich von Flaumbart den Sachverhalt erklären. Augenbraue rief von drüben:

„Was hast du denn getippt?"

Flaumbart war mittlerweile etwas rot um die Nase und sagte nichts.

Ich klärte Augenbraue auf, dass es sich um eine Kiste 0,5 Liter Cola handeln würde.

„Die machen 14 Euro 98", brüllte sie herüber. Auch an ihrer Kasse lief es nun schleppend. Beide Schlangen verloren sich langsam in den Gängen.

Ich ignorierte Augenbraue und teilte Flaumbart mit, dass es meiner Ansicht nach 9,19 sein müssten.

Er bestätigte dies mit einem „ja,ja" und tippte den neuen Betrag ein. Das heißt, er tippte die seiner Meinung nach richtige Codenummer ein, die er nach langem Suchen einer Liste über seiner Kasse entnommen hatte: 12,75!

Zaghaft wandte ich mich an Kittel. Doch die löschte gerade die Eingabe und kämpfte mit dem Schlüssel. Aus der rechten Schlange kamen erste Unmutsbekundungen. Links war alles ruhig. Kein Wunder, denn während man links an den Zeitungen mit allerlei leicht bekleideten Damen oder Fotos von Brad Pitt vorbeigeführt wurde, konnte man sich rechts nur an Tampons oder der Sonderaktion mit Toilettenpapier (3-lagig) erfreuen. Wussten sie übrigens, dass nach einer Studie amerikanischer Wissenschaftler der durchschnittliche Verbrauch an Klopapier drei Blätter pro Wischvorgang beträgt, wobei die Anzahl der Wischvorgänge im Schnitt auch wieder bei drei liegt?

Um die Wartezeit zu verkürzen, presste ich mich unter dem zweifelnd prüfenden Blick von Kittel durch die widerspenstig blockierende Kassenabsperrbarriere an der linken Schlange vorbei zu den Colakisten. Die Menschen standen schon bis zu den Kurzwaren und mir schien, als ob mir ein oder zwei wütende Beine gestellt wurden. Rechts war es zurzeit besser, man befand sich im Bereich der Süßigkeiten und füllte gelangweilt den Wagen oder ließ Kinder schon mal naschen. Eigentlich hätte ich eine Prämie für innovative Verkaufsförderung verdient. Kurz darauf las ich auf einem Schild an der Decke „Cola, halber Liter, 9,19". Zurück an der Kasse kämpfte Kittel noch mit dem Stornoschlüssel, während Flaumbart - so unverhofft im allgemeinen Interesse - von der Situation peinlich berührt aufblühte. Plötzlich aber teilte sich die Menge und ein gestrenger Herr mit Vollbart trat würdevoll hervor. Augenbraue, der ich gerade zum wiederholten Mal erzählt hatte, dass mir irrtümlich Cola, PET, berechnet worden war, meldete ihm dienstbeflissen, dass „er" - Flaumbart - eine Kiste Bier eingetippt hätte. Mir war schon alles egal.
Die Schlangen vereinigten sich inzwischen irgendwo hinter dem Aufschnitt und den Dosensuppen zu einem Pulk. Vereinzelt rief man etwas von „lynchen" und die Dame mit der Regenbekleidung lächelte immer noch nicht und schwitze leise in ihrer leider nicht atmungsaktiven Jacke vor sich hin. Erstaunlicher Weise betätigte erst jetzt jemand den Knopf, der eine säuselnde Stimme aus den oberen Regionen

verkünden ließ, dass man sich für die Information bedanke und in Kürze eine weitere Kasse eröffnen würde. Mensch, dass da noch keiner drauf gekommen war! Vollbart, offensichtlich der Marktleiter, kommandierte Kittel an die freie Kasse und nahm sich selbst der Sache an. Kurz zuvor hatte die endlich die Kasse von Flaumbart aufbekommen, etwas von 12,69 genuschelt und mir einige Münzen in die Hand gedrückt. Ich hatte allerdings auf 9,19 insistiert und Augenbraue mir Recht gegeben:

„Wenn da 9,99 dran steht, hat der Kunde auch einen Anspruch, nur 9,99 zu zahlen"!

Nicht nur modisch ganz vorn´, die Frau, nein auch noch eine begnadete Hobby-Juristin und ein Rechen-Ass.

Vollbart zog mich hinter die natürliche Deckung aus Grünpflanzen zu 3,95 Euro den Topf, vielleicht um mich vor wütenden Übergriffen des sich langsam aus den Schlangen lösenden Pöbels zu schützen. Von Kundensolidarität hatte ich nicht viel gemerkt, doch hier, vor dem Leergutautomaten, der sowieso nie funktioniert und daher von der Kundschaft weitestgehend gemieden wird, blieb alles ruhig.

Er setzte eine ihn sehr distinguiert erscheinen lassende Lesebrille auf und rechnete mit einem kurzen Bleistift, dessen Spitze er mit der Lippe anfeuchtete, die Addition von Kittel nach. Ich fasste den Sachverhalt mit einfachen Worten zusammen und bestätigte meine Beobachtung, dass der Preis laut Schild 9,19 betrug. Er glaubte mir sofort und vorbehaltlos, ließ es sich aber nicht nehmen, zu den Getränken zu eilen und sich selbst zu überzeugen. Ich sah ihn in der Ferne das Schild von der Decke abnehmen. Zurück bei mir stellte er nochmals nicht nur die Richtigkeit meiner Aussagen, sondern nach wenigen Kontrollrechnungen fest, dass Kittel in der einfachen Addition tatsächlich nicht ganz sicher gewesen war.

Vollbart schickte mich dann ohne überflüssige Gesten der Entschuldigung zurück zu Kittel zwecks Auszahlung des restlichen Betrags. Sie zweifelte nur kurz und wurde durch den Raum über Tomaten, Sellerie und Trauben (kernlos) von ihrem Meister mit einem gestrengen Blick zur Ordnung gerufen und zahlte mir das Geld aus.

Spontan brandete im gesamten Markt ein Jubelorkan auf, wildfremde Menschen lagen sich in den Armen. Auf dem Parkplatz bildete sich sofort ein hupender Autokorso, Einkaufswagen wurden vor Freude in die Luft geworfen und es regnete bunte Pfandchips. Ein alter Mann raunte mir ergriffen „dass ich das noch erleben darf" zu und drückte mich ergriffen. Ich nahm meine Einkäufe, besonders mein Eis und war froh, Strohhalme gekauft zu haben.
Na denn, Prost.

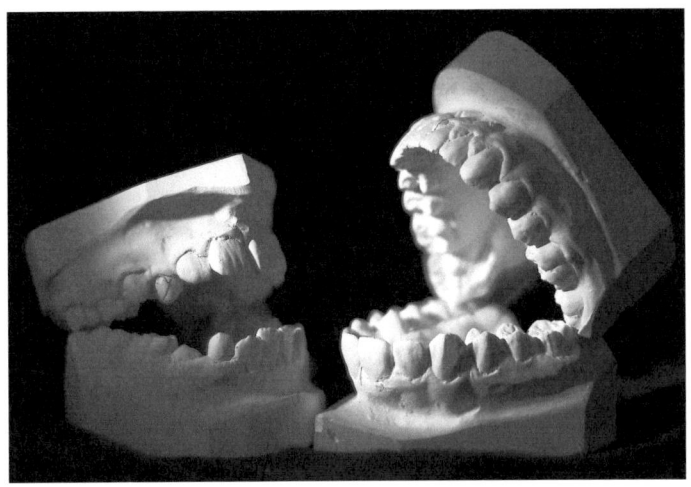

Hommage an Max Goldt

Soeben wurde meine Frau zum Brunch abgeholt. Jeder feiert heute seinen Geburtstag mit einem Brunch. Für mich persönlich ist dies die größte Rücksichtnahmeaktion seit der Entscheidung des IOC, Dressurreitern weiterhin als olympische Disziplin zu belassen und Deutschland somit nicht nur sichere Goldmedaillen, sondern auch Siege über Holland zu ermöglichen. Eine Rücksichtnahme gegenüber den notorisch Unpünktlichen, die es gerade so mal schaffen, zur Frühstückseinladung wenigstens um die späte Mittagszeit einzutreffen. Das Verb „brunchen" findet sich übrigens nicht im Oxford Advanced Learner´s Dictionary, einem Buch, welches ich mir vor dem Abitur anschaffte. Es steht immer noch unbenutzt im Regal und macht eine Menge her. Das Problem ist, dass man nicht „advanced" ist, wenn man es kauft und man die schön formulierten Erklärungen nicht versteht. Es taugt somit höchstens zum Pressen von Briefmarken oder Blumen, wobei ich leider nicht weiß, ob dabei, wie beim Kaltpressen von Tiertrockenfutter, durch den Pressdruck Temperaturen von ca. 50°C entstehen. Ein erhöhter Pressdruck bei der Stuhlentleerung wirkt sich übrigens negativ auf vorhandene Krampfadern aus. Ursachen dafür sind oftmals die fehlenden Mineralien und Vitamine in zudem noch weichgekochten Lebensmitteln von intensiv bewirtschafteten Feldern. Insbesondere bei heranwachsenden Gebissen erzeugen nur harte, rohkost- und vitaminreiche Nahrungsmittel den für die Entwicklung notwendigen Druck auf die Zahnwurzeln. Mehr Bioanbau würde helfen und auch häufiger schöne Blumen an den Rändern der Felder blühen lassen.

Blumen drückt man eigentlich in einem Herbarium platt. Kürzlich wollte ich in einer großen Buchhandlung (den Namen habe ich bereits frühzeitig in diesem Buch erwähnt und vielleicht könnte sich die Geschäftsführung inzwischen überlegen, wie man mir diese kostenlose Werbung vergüten möchte) ein Herbarium erstehen. Die dritte oder vierte Fachverkäuferin konnte mir dann auch sofort helfen, in dem sie ihrer Kollegin von einem Freund berichtete, der auch einen Gecko oder eine andere Echse darin halten würde. Ich habe nicht nachgefragt, seit wann man in einem Buchladen Glasgefäße erwerben kann und ob es dem Tierschutzgesetz entsprechen würde, wenn man seine Eidechse vor Benutzung plättet. Ich war platt, was man heutzutage überall alles kaufen kann. Bei Kaffeeröstern Fahrräder und Massagegeräte, im Baumarkt Eis oder bei Aldi Wischerblätter für meinen VW ab Jahrgang 1990. In Hameln gibt es einen Bäcker, der heißt Metzger. Allerdings weiß ich nicht, ob der auch Frikadellen (Buletten, Fleischpflanzerl, Bremsklötze etc.) verkauft, die bekanntermaßen oft mehr Füllstoffe aus Getreide als Fleisch enthalten. Die Frikadelle des Bäckers heißt eigentlich Rumkugel, während der Fleischer mangels Rum seine Reste in die Fleischwurst tut.

Meine Eltern haben früher immer Rumaroma in den Geburtstagspuffer getan. Der war in so kleinen Fläschchen, in denen man heute nur noch Parfumproben bekommt. Die kleben entweder in Frauenzeitschriften – das ist die schöne Variante, weil man hinterher den Klebstoff so lustig abgniedeln kann – oder man kommt sie von gestrengen Parfümeriedominas in der nächsten Douglas-Filiale überreicht. Begleitet von dem mitleidigen Blick, dass hier wohl eh Hopfen und Malz verloren ist und eine Typberatung als Ergebnis „Kölnisch Wasser" zeitigen würde. Wer „Kölnisch Wasser" zu sich nimmt, trinkt auch Klosterfrau Melissengeist. Eine andere gesundheitsfördernde Werbung aus meiner Kinderzeit, an die ich mich erinnern kann, handelt von dem 167jährigen Ilja Rogoff, der in der Apotheke am Reck turnte. Es kann aber auch so ein Riesenvogel aus Glas gewesen sein, der seinen Kopf in eine Flüssigkeit tauchte. Ich erinnere mich nicht mehr. Knoblauchdrageemangel.

Im Fernsehen gab es früher Disco mit Ilja Richter. Licht aus, Spott an. Spott von „Verspotten", weil der immer so witzige Gags gemacht hat. Er spielte auch in Filmen mit, die heute nur noch von Fernsehzuschauern aus der ersten Reihe im öffentlich-rechtlichen Nachmittags-Programm erduldet werden. Theo Lingen, wenn ganz schlimm wird auch noch Rex Gildo. Oder Roy Black, ich verwechsele die beiden immer. Vielleicht weil sie übrigens beide Künstlernamen trugen. Wie auch Falco. Der hieß in Wirklichkeit Johann Hölzel. Womit ich aber nun wirklich vom Hölzchen aufs Stöckchen geraten bin.

Ä, und was das alles mit Max Goldt zu tun, fragen Sie als profunder Kenner dieses begnadeten Fabulierers im Geiste oder formulieren es lautlos mit den Lippen? Na, dann überlegen sie mal, was der Anfang mit dem Ende der Geschichte gemein hat.
Genau.
Nichts.

Reminiszenz an den Mann, der Barbara Auer traf

„Schreib doch mal was über den Möhlmann, den mochtest du doch so gern. Außerdem habt ihr viel gemeinsam. Ihr habt beide Barbara Auer getroffen." Für jene Leser, die sie nicht kennen: Barbara Auer ist eine Schauspielerin, die gerne mal so guckt wie meine eine Ex-Schwägerin und es nicht mag, wenn ihr auf einem roten Teppich das Jäckchen weggerissen wird. Auch das verbindet uns.

Immer, wenn ich eine Schreibblockade habe, kommt meine Frau und gibt mir Aufträge. Mülleimer hinaustragen, Glühbirnen wechseln oder den Staubsaugerbeutel nach Wertstoffen durchsuchen. Damit ich nicht ins Grübeln verfalle, Nägel kaue oder K11 gucke. Gelegentlich macht sie als eine Art persönliche Redaktion auch Themenvorschläge, die ich in der Regel dankbar aufsauge.

Bernd Möhlmann hatte früher eine wöchentliche Kolumne im Hamburger Abendblatt. Bevor er leider viel zu früh verstorben ist. Der aufmerksame Leser dieser Texte aus dem Leben eines Mannes aus der Gegend von Wildeshausen wird bemerkt haben, dass „Pabba" M. dereinst im selben Stadtteil von Hamburg wie der Mann meiner Frau gewohnt hat. Und dort kreuzten sich unsere Wege auch zum ersten Mal. Wir hatten damals einen Volvo. Ein wunderbares Auto aus viel dickem Blech mit leider sehr kleinem Tank und äußerst großem Durst. Aber chic wie die Sünde. Doch irgendwann wurde er zu klein, das heißt die Familie zu groß und so hieß es Abschied nehmen. Helfen sollte uns dabei die Avis, jene Zeitung, deren Leser einen mit Vorliebe Sonntag morgen um halb fünf aus dem Bett klingeln, nur um mal zu fragen, welche Farbe denn der weiße Volvo, Baujahr 1983 hätte und aus welchem Jahr er stammen würde. (Das war, bevor es Ebay gab und einen die Interessenten nun mit Vorliebe um halb fünf am Sonntagmorgen anrufen, nur um zu fragen, welche Farbe denn der weiße Volvo, Baujahr 1983 hätte und aus welchem Jahr er stammen würde.)

Einige Monate tat sich wenig. Wir wollten das gute Stück nicht verschleudern und warteten auf den einen Liebhaber, der ihn womöglich ebenso in sein Herz schließen würde wie wir. Und dann kam der Anruf von Bernd Möhlmann. Nicht um halb fünf, was uns sofort für ihn einnahm. Ein paar Minuten später stand er vor der Tür, zusammen mit seinem Sohn. So angenehm haben wir nie wieder ein Auto verkauft. Wo sonst erst jede Schraube kritisch beäugt und jeder Öltropfen im Motorraum Preis mindernd bemängelt wird, stellte Herr Möhlmann nur fest, dass er mir glauben würde und sich bestimmt ein rundum gesund blubbernder Vierzylinder-Motor unter der eleganten Haube befinden würde. Probefahrt? Na klar und flugs schnallte er seinen Henry auf der Rückbank fest und sich – auf den Beifahrersitz. Meine erstaunte Frage, ob er nicht selbst fahren möchte, quittierte er mit einem milden Lächeln. Eine Runde mit mir am Lenkrad würde genügen. Mir war sofort klar, dass dieser Mensch der richtige Käufer für unseren Volvo war. Allerdings wusste ich auch sofort, dass ich keine schwerwiegenden Preisverhandlungen mehr vor mir hatte und lockte meine Frau mit der Verheißung, mir ein schönes Essen auf den Tisch zaubern zu dürfen, zurück ins Haus. Neulich hat sie auf dem Flohmarkt, nur aus Sympathie für den Händler, darauf bestanden, für ein rostiges Kinderfahrrad viel mehr als verlangt zu bezahlen. Der Mann tat mir fast leid, als er von meiner Frau knallhart hoch gehandelt wurde. Hoch und immer höher. Bernd Möhlmann hätte sie den Wagen womöglich umsonst mitgegeben – und eine Tube Lederfett für die Sitze obendrein.

Mir wurde immer warm ums Herz, wenn ich den Wagen später hin und wieder erblickte. Zuletzt allerdings, und das war ein trauriger Anblick, sah ich ihn wie einen gestrandeten Wal vor der Otto-Versand-Zentrale auf dem Fußweg stehen, womöglich erdrückt vom eigenen Leergewicht, wie ein Pilotwal an der Küste Tasmaniens.

Bernd Möhlmann aber traf ich erst Jahre später wieder. Eine kleine, wie ich dann feststellte, sehr kleine Buchausstellung fand in unserem kulturellen Zentrum, dem Saselhaus, statt. Autoren präsentierten auf wackligen Tapeziertischen ihre im Selbstverlag erschienenen Bücher. Den größten Zuspruch gab es dort, wo leichtes Gebäck oder kostenlose Getränke gereicht wurden. Wenn der Magen zufrieden ist, spielt auch die literarische Qualität keine Rolle mehr.

Überhaupt nichts außer einer Widmung gab es bei Bernd Möhlmann. Und vorher musste man sein Buch auch noch kaufen. Was für ein intelligenter und aufmerksamer Mensch der Herr Möhlmann ist, merkte man gleich daran, dass er meine Frau und mich kurz musterte und anmerkte, uns schon mal gesehen zu haben. Für gewöhnlich erkennen uns nicht mal die Eltern wieder, deren Kinder mit unseren seit Jahren zur Schule gehen. Bernd Möhlmann ist anders. Sein Gesichtsausdruck verriet zwar nicht, ob die Erinnerung angenehm war oder in Richtung Zahnarzt oder Gerichtsvollzieher ging, doch zumindest gab es sie. Wie beim Zahnarzt. Wenn es weh tut, lebt der Zahn wenigstens noch.

Wenig später sollte eine kleine Lesung seiner Werke stattfinden. Wir nahmen in der ersten Reihe Platz, neben uns die Honoratioren der Gegend, wie der Herr Pastor samt Sohn und der Vorsitzende des Sportvereins samt etwas, dass wie ein Sams aussah. Taktisch geschickt hatten die Veranstalter eine Kombination aus esoterischer Lesung (Elfen, Zwerge) und entsprechend linksdrehender Modenschau (Kinderbekleidung aus Leder, Filz und zu bestimmten Mondphasen geernteter Baumwolle) entgegen dem Zeitplan eingeschoben, damit an ihr überhaupt ein paar Gäste teilnahmen. Es wurde dann auch ganz nett. Ein mittelalterlich gekleideter Mann las aus einem Buch, während zickige Kinder ohne jegliche Lust am Schauspiel die Verse darzustellen versuchten. Doch dann kam er. Bernd Möhlmann himself, der Star der Donnerstagsbeilage des Hamburger Abendblattes und persönliche Bekannte von Barbara Auer. Eine halbe Stunde lang unterhielt er uns prächtig mit seinen Alltagsbeobachtungen und noch mehr der Technik, sich mit lautem Rascheln und spritzigen Kommentaren immer wieder nicht zwischen Geschichten aus einem Buch oder dem großen Papierhaufen neben sich entscheiden zu können. Freundlich baute er auch uns in den Vortrag ein. Der Volvo, sie erinnern sich. Sogar der Pastor guckte. Nicht der Vorsitzende vom Sportverein. Der ist so alt wie die Funktionäre des DFB und bekommt nicht mehr viel mit. Am Ende gab es kräftigen Beifall und leider keine Zugabe, denn eine weitere Autorin wollte aus ihren „Erinnerungen eines Pusteblümchens" oder Ähnlichem vorlesen. Fluchtartig verließen alle Gäste bis auf ihren Mann, den Veranstalter und eine vor sich hin träumende Dame den Saal. Selbst der Pastor meinte mit menschlicher, mir ihn als Seelsorger allerdings verdächtig machender Offenheit, dass er sich das nicht antun könne. Auch nicht aus Nächstenliebe. Gemeinsam gingen wir nach draußen, klauten noch ein paar Kekse vom Stand eines Heimatdichters und fuhren nach Hause. Dort verzog ich mich auf die Toilette (den einzigen Ort, an dem ein Vater von fünf Kindern wirklich ungestört ist) und las, wie Bernd Möhlmann einst Barbara Auer traf. Ich selbst hatte sie vor Jahren auf einem Weihnachtsmarkt (Gut Wotersen, da wo die Guldenburgs gedreht wurden, die Älteren erinnern sich) vor mir durch eine Tür gelassen, worauf sie sich sehr nett bedankt und mich wirklich bezaubernd angelächelt hatte. Später allerdings sollten wir laut Komparsenagentur sogar zusammen drehen, doch stattdessen kam Katja Flint, was mich ein wenig enttäuschte. Trotzdem: Schöne Erinnerungen.

Danke, Bernd Möhlmann.

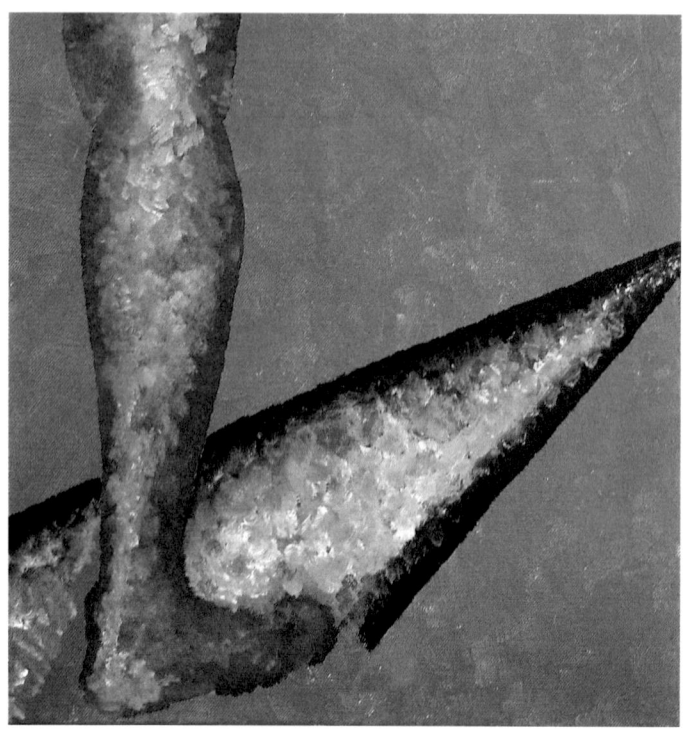

Das erste Mal

Ein wenig Angst hatte ich schon vor dem ersten Mal. Würde es schön sein? Oder wehtun? Natürlich hatte ich es zuhause schon allein probiert, aber nun sollte es mit anderen etwas ganz Besonderes werden.

Wie oft hatte ich auf dem Weg in die Stadt die Läufer an der Außenalster gesehen, von Alsterrunden gelesen und von Glückszuständen durch Endorphin-Ausschüttung auf der schönsten Laufstrecke Hamburgs gehört.

Insbesondere der letzte Punkt war mir wichtig. Auch wenn in einschlägiger Fachliteratur immer wieder das Gegenteil beschworen wird, kann ich laufen, so oft ich möchte: Der Spaß wird nicht größer. Als alter Verschwörungstheoretiker vermute ich die massive Beeinflussung durch die Laufbekleidungsindustrie. Joggen bleibt für mich Mittel zum Zweck (des Abnehmens oder der Fitness), jeder Schritt Arbeit und kein Vergnügen. Die Alster nun als letzter Versuch – nicht in rosa, aber in schönstem blau an einem lauen Frühsommerabend.

Auf einer der unzähligen Lauftreff-Homepages hatte ich mich eingelesen. Streckenführung, Verhaltensmaßregeln (dass man sich z.B. nicht als Hackenlutscher an schnellere Läufer hängen darf), Zeitvorgaben, welche Berühmtheiten man treffen könnte und vor allem Bekleidungsvorschriften. Es würde ums Sehen und Gesehen werden gehen, stand da.
Da ich mir immer schon als Individualist gefiel, schmiss ich mich extra in meine gammelige Nonkonformistenuniform: Uraltschuhe, labberiges Sweatshirt und nach langem Suchen in einem der Kinderzimmer eine alte Jogginghose. (Papa, ich dachte du brauchst die sowieso nicht. Und bei mir beutelt sie so schön wie ein Hosenrock!)
Um eines vorweg zu nehmen: Mit meinem Outfit war ich der Paradiesvogel unter den Paradiesvögeln. Natürlich gab es ein paar professionell, partiell oder funktionell bekleidete Läufer, doch alles in allem sah man alles an allen: Die ausgemergelte Lauflunge im hautengen Trikot, die großen Laufschuhe wie Tatzen über den Asphalt trommelnd, Studenten im Freibeuter-Trikot oder Vereinsjacken aller Art. Allerdings kaum Ballacks, Barbarez´ oder Poldis. Joggen, der Intellektuellensport?

Ich parkte meinen klapprigen und bleichroten Opel zwischen schwarzen Cherokees, Touaregs und Cayennes und

43

sah ein paar Pöseldorfern dabei zu, wie sie ihren Hunden beim Toben auf der Wiese zusahen. Mein Startpunkt sollte am Fährdamm sein. Als Individualist entschied ich mich wie viele andere Läufer auch für die Richtung mit dem Uhrzeiger und gegen die Ausschilderung. Dann, ich weiß nicht, ob es politisch korrekt ist, stopfte ich mein Handy in die Hose und Ohrhörer ins Ohr. Ein letzter Blick zur Uhr und los. Hundert Meter hing ich mich an eine junge Frau mit braunen Beinen, ehe mir der Text zum Alsterhackenlutscher wieder ein- und ich zurückfiel.

Radio Hamburg begleitete mich, während ich mir die Gesichter der Entgegenkommenden einprägte: Man sieht sich immer zweimal, im Alsterlaufleben! Zuhause im Wald grüßt man sich als Jogger, lässig je nach Atemvermögen mit einem knappen „Hallo" oder dem lässigen Zunicken. Das ist hier, will man nicht als Grüßaugust enden, wohl nicht angebracht. Obwohl etwas mehr Freundlichkeit manchem verkniffenen Gesicht gut tun würde.

Auf der Krugkoppelbrücke dehnten sich biegsame Menschen: Arabesken am Brückengeländer, die Türme der Stadt das Publikum. Die meisten Läufer würdigen sie keines Blickes.

Ein paar Meter weiter lag plötzlich eine junge Frau, der Kleidung nach keine Läuferin, am Boden. Ihr wurde schon geholfen, ein Martinshorn war zu hören und so lief ich weiter. Dachte an den plötzlichen Herztod: Übergewicht, ungewohnte Anstrengung: Laufen macht Spaß und man hat viel Zeit zum Nachdenken. Um mich abzulenken, suchte ich die Kilometersteine. Dummer Fehler: Was, erst 1500 Meter geschafft?

Vom Treiben auf dem Wasser bekam ich weniger mit, als ich mir vorgestellt hatte. Ich dachte, die schöne Aussicht an der Schönen Aussicht würde mich vom Laufen ablenken. Weit gefehlt. Mein Blick ging immer wieder auf die Füße –Platten oder Sand, Trampelpfad oder Weg? – und auf die anderen Jogger. Die Segelboote, Ruderer oder Paddler beachtete ich kaum. Dafür, ich schäme mich, lenkten mich kurzzeitig zwei unendlich lange Beine in einem Minirock ab, die sich elegant aus einem Porsche wanden: Bellevue!

Mit Interesse verglich ich Laufstile: Manche hüpften locker flockig an mir vorbei, jeder Schritt ein Sprung. Der berühmte Storch im Salat. Einige liefen über den großen Onkel, andere warfen die Füße im Kreis nach außen. Besonders die Armhaltungen begeisterten mich: Lustig abgespreizt, die Hände nach oben, irgendwie etepetete, oder krampfhaft, völlig bewegungslos wie eine Puppe. Viele hielten eine Flasche in der Hand, trinken sah ich aber niemanden. Ich fühlte mich inzwischen wie Flasche leer, trabte aber weiter: Aufgeben war nicht! Der große Vorteil für Willensschwache auf der Alsterrunde: Sofern man nicht Triathlet. Donald Duck oder ein Karpfen ist, kann man nicht abkürzen!

Das erste bekannte Gesicht, also keinen arbeitslosen Schauspieler oder Gameshow-Moderator, sondern einen gegenläufigen Jogger, sah ich kurz vor der Moschee: Jesus Maria, da musste ich aber Tempo zulegen!

Neben den Joggern sind auch die Radfahrer interessant: Liegeräder, gemütliche Hollandräder, Rennmaschinen. Das erste Mal seit meiner Kindheit sah ich ein perfektes Bonanza-Rad. Sogar mit Wimpeln am Bananensattel. Und: Mir war gar nicht bewusst, wie viele Leute noch Hosenklammern benutzen.

Radio Hamburg musste inzwischen NDR Info weichen. Werbung nervt, Dauernachrichten sind ablenkender. Ich erwartete eine Verkehrsmeldung: „Achtung, Ein Falschläufer kommt ihnen an der Alster entgegen. Laufen sie ganz rechts und halten sie ihre Trinkflaschen fest." Auf der Kennedybrücke betäubte mich der Duft der weiten Welt. Shell, Aral, Esso. Ein Hauch Jet. Ein Spritzer Zweitakt von Total.

Mein Takt war inzwischen etwas unrund. Ich merkte eine lächerliche Brückenrampensteigung wie Radfahrer L'Alp d'Huez, während ich auf die Schlussgerade einbog. Links die Konsulate. Zwischen Holland und Schweden roch es wunderbar nach Essen. Irgendwas zwischen Stamppot und Köttbullar. Hauptsache fettig und voller Kalorien. Das Generalkonsulat der USA folgte mit seiner Bewachung und den hässlichen Betonsperren. Solidarität hin oder her: Die Absperrung der Straße stört mich. „Ami, go not home, aber ziehe doch bitte um". Immerhin war das Haus schön in Planen eingepackt und erinnerte mich an Christos Reichstag. Rechts paddelte ein Blesshuhn im Wasser und kämpfte sich durch allerlei Treibgut. Ein Schwan streckte seinen Hals und schnabelte nach Weidenblättern. Die Susebek tuckerte vorbei. Laufen kann doch schön sein. Wenn dieses letzte Stück nicht wäre. Immer geradeaus. Wie radeln in Ostfriesland oder paddeln auf einem Kanal. Man sieht den ganzen verdammten Weg vor sich. Konnte ich mich aber auch wieder auf die Menschen konzentrieren. Warum sah ich so viele Männer im Trenchcoat? Ein Highlander-Fantreffen mit Christopher Lambert? Oder lag das an den Parkanlagen und der einsetzenden Dämmerung? Immerhin hatten alle Hosen an und ließen den Mantel zu. Kein Schwert zu sehen. Ein greiser Mann kam mir entgegen, die knallrote Turnhose bis unter die Achseln hochgezogen. Auf dem Kopf eine historische Schirmmütze mit durchsichtigem Sonnenschirm. Seine Turnschuhe hatte er noch von Adi Dassler persönlich gekauft. Trotzdem war er damit doppelt so schnell wie ich. Ich besann mich auf den olympischen Geist. Zeit spielte längst keine Rolle mehr, Dabei sein war bekanntlich alles. Pfui! Ich lästerte in Gedanken über andere Läufer. Gut, dass ich mich nicht selbst beobachten konnte. Bin überhaupt genau der Typ, wegen dem Leute wie ich zum Beispiel nicht tanzen. Statt selber mitzappeln lieber am Rand stehen und lachen. Meine Frau kann ein Leid davon singen.

46

Dann hatte ich es doch fast geschafft. Eine Runde ohne Pause. Und auf dem Weg, der sich wieder mal als Ziel herausstellte, niemanden zu überholen. Immerhin hatte mich zumindest kein Walker stehen lassen. Allen Vorurteilen zum Trotz sind ambitionierte Nordic Walker nämlich ganz schön flink auf den vier Beinen. Da kenne ich mich als Ehemann einer Walkerin aus!

Dennoch meldete sich ein Rest Ehrgeiz. Start/Ziel lockte in der Ferne. Bis zur kleinen Brücke hängte ich mich an eine Frau, die mich, wie bei einem Brummi-Rennen auf der A7 nur minimal schneller, überholt hatte. Das sollte sie büßen. Die wollte ich in Grund und Boden spurten. Die würde ich platt machen. Ha!

Ich lutschte an ihren Hacken. Pfiff auf die Konvention und auf dem letzten Loch. Ein paar Meter noch. Hurra, immerhin knapp zweiter. Ich musste zufrieden sein.

Allerdings gab es keine Berühmtheiten zu sehen: Kerner hielt sich mit Geflügelwurstessen fit, Achilles schrieb an seinen Versen und Joschka läuft ja wohl auch höchstens noch zu seinem Kühlschrank.

Auf dem Weg zu meinem Wagen kam ich japsend an einem Mann vorbei, der gemütlich auf einer Parkbank saß, ein Eis schleckte und in einer Zeitung las. Spiegel-Leser wissen doch mehr: Nämlich wie man es sich an der Alster auch auf kontemplativeren Weg gut gehen lassen kann.

Kurz darauf hörte ich eine Frau rufen. „Hey, Dicker, komm!" Kennen wir uns, dachte ich, zog den Bauch ein und drehte mich um. Doch sie meinte weder mich noch unseren ehemaligen Außenminister, sondern ihren Hund, scheuchte ihn in den schwarzen Mini und brauste davon.

Ich stieg in meinen Opel, transpirierte eine Flasche Apfelschorle in mich herein und stellte fest: War nicht schlecht, das erste Mal. Morgen früh, wenn ich mich aus dem Bett quälen würde, dann werde ich merken:

Hat aber doch wehgetan.

Moderner Ablasshandel

„Du", sagte nun also meine Frau zu mir, „der Abschied unserer Jüngsten aus dem Kindergarten steht an". Da müsse ein passendes Abschiedsgeschenk für die netten Kindergärtnerinnen her, die vier fünftel unserer Kinder so lieb von kurz nach dem Windelalter bis knapp vor die Schule begleitet hätten.

Das „Du" war etwas gedehnt, ein eigentlich untrügliches Zeichen dafür, dass mir das einleitende Personalpronomen im wahrsten Sinne des Wortes eine persönliche Aufgabe in Aussicht stellt.

Ich war wohl nicht so gut in Form an diesem Tag! Neben dem Dehnungs-u hätte mir die Tatsache, dass ich überhaupt in die Entscheidungsfindung dieser Angelegenheit einbezogen wurde, zu denken geben und den Fluchtreflex auslösen sollen. Daher zögerte ich eine Sekunde zu lang. Normalerweise reagiere ich auf mir zu übertragende Aufgaben mit der dringenden Ankündigung, die Garage aufzuräumen und den netten Jungs vom Recyclinghof einen Besuch abstatten zu wollen. Oder in der Drogerie die ganz eiligen Fotos abholen zu müssen, damit die ja nicht irgendein Voyeur vor uns angucken könnte. Man kennt sie ja, diese Typen, die sich durch die Tüten bei Budnikowsky grabbeln und sich an persönlichen Schnappschüssen ergötzen. Auch wenn bei uns außer dem nackten Familienwahnsinn auf 9x13 Sparbild nichts Intimes zu sehen ist.

Normalerweise kauft und organisiert meine Frau derartige Geschenke für Pflanzen- und Kindergärtner, Müllmänner, Schornsteinfeger, Lehrer, Trainer oder Musikpädagogen in Eigenregie. (Tatsächlich muss ich meine Frau, wenn ich es denn mitbekomme, immer bremsen: Sie würde wahrscheinlich sogar den netten Gerichtsvollzieher mit einer kleinen Aufmerksamkeit bedenken!)

Zurück zu meinem Mitwirken: Sie scheint meine früheren Antworten auf entsprechende Fragen irgendwie negativ oder als desinteressiert aufgefasst zu haben. Dabei war doch mein „wie Du willst", „mach doch" oder „ist mir egal" eher aufmunternd gemeint. Oder sogar fördernd. Es sollte ihr als Nur-Hausfrau über die eigenständige Entscheidung in diesen wirklich drängenden Fragen den Weg zurück in den Alltag jenseits der bloßen Kindererziehung ebnen.

Oha, dachte ich jetzt also, da weiß meine Frau nicht weiter und ich, der Meister, muss die Kastanien aus dem Feuer holen. Erst später kam mir auch der Gedanke, dass meine listige Frau genau weiß, wie sie mich kriegen kann. „Schatz, du (beides gedehnt, also „Schaaaatz" und „duuuuu"!) bist doch so stark! Kannst du mir bitte die Wäschekörbe aus dem Keller in den Garten tragen?"

Ganz so war es dann auch nicht, denn die Frau, die weiß, was sie will, hatte das Geschenk schon festgelegt. Mein Buch „Mama Taxi und weitere Familienrhythmen" sollte es sein. Leider hatte die Sache einen Haken. Auf der Suche nach billigen Lachern und dem daraus resultierenden schnellen Geld (man kennt dies von RTL2 oder Kabel 1) hatte ich kleine Boshaftigkeiten gegen den Kindergarten in dem Buch untergebracht. Den Kollateralschaden bei den Kindergärtnerinnen billigend in Kauf nehmend, waren diese Spitzen eher als kleine Rache an meiner Frau gedacht, weil die mich einmal mit den Worten „Du bist doch handwerklich so geschickt!" zum Falten öliger Laternen abgestellt hatte. Erst als mir die eine Kindergärtnerin mit engelhafter Geduld zum hundertsten Mal die Faltung erklärt und die andere zum dritten Mal den Henkeldraht aus dem Finger oder der Strickjacke oder den verkniffenen Mundwinkeln entfernt hatte, fiel mir auf, dass ich mit zwei linken Händen geboren wurde und ich mir diese bisher nur mit ausverschämt viel Glück nicht abgeschlagen hatte. Schon als Kind war ich daher zum Pazifisten geworden, so dass ich nie Revell-

Flugzeuge gebastelt und als Luftschlacht von England über mein Bett hängte. Zuviel finzelige Kleberei! Auch meine Zeit als General von Zinnsoldaten war eher unspektakulär. Der leichte Infanterist aus einem Sammelheft „Alles über Zinnfiguren inklusive kostenloser Gussform" hatte statt Gewehr und Rucksack drei Beine, war bucklig und unbewaffnet. Zudem war er farblich so geraten, dass er sich nur in einem Sonnenblumenfeld hätte verstecken können.

Da saß ich damals im Kindergarten und war meiner Frau mal wieder auf den Leim gegangen. Und dieser hielt auch noch Finger anstatt Laternen zusammen!

Wer außer ihr sollte mir dann noch verübeln, dass ich mit den zusammengeklebten Fingern, verbissenem Mund und Basteldraht in den Händen Probleme hatte, die wunderbaren kleinen Backspezialitäten meiner und anderer Leute Töchter zu würdigen, während ich auf den niedlichen Kleinkinderschemeln herum rutschte und versuchte, möglichst wenig Klebstoff auf meine Hosen zu schmieren? Und dabei noch zu versuchen, wie ein Synchronsprecher durch perfekte Lippenbewegung vom Gesang meiner Sitznachbarn zu profitieren, um nicht nur nicht als handwerklicher Trottel, sondern auch noch als Ignorant des intonierten Liedgutes zu gelten? Dabei singe ich zu Hause nicht einmal unter der Dusche!

Nun, um auf meine Frau zurückzukommen, sie verübelte mir meine Spitzen und als Buße sollte ich die Geschichte umschreiben. Oder zumindest eine andere erfinden. Als ob das so ginge. Eine Zumutung! Als ob Frau Shakespeare ihrem Mann den Schluss von „Romeo und Julia" verübelt hätte. „So Willie, das ist mir alles viel zu traurig, das machst du jetzt noch mal und dann heiraten beide und es gibt ein schönes Fest und viele Kinder und einen Kindergarten und kleine Stühle auf denen alle Sitzen und gemeinsam singen". Ich lehnte also entrüstet ab.

Da griff sie zu härteren Bandagen in Form einer Art mittelalterlichen Ablasshandels. „Wenn ich meinen Fauxpas wieder gutmachen wolle, müsse ich bei der Gartenarbeit im Kindergarten mithelfen. Oder, um mit dem Dominikanermönch Tetzel zu sprechen: „Wenn die Geschichte schön klingt, die Seele aus dem Fegefeuer springt."

„Außerdem", ergänzte meine Frau, „könne ich so gut graben oder mit der Axt umgehen." Ich sah auf meine gerade verheilten, ehemals gebrochenen Finger. Irgendwas ging in meinem Kopf um, doch ich wusste nicht, was es war.

Ich zögerte.

Sie legte nach. Ich solle mir die schönen Erlebnisse vor Augen halten. Das Laternelaufen im Wald (na, gleich ein Volltreffer, im Hundebesitzergebrauchswald; wer findet im Dunkeln die meisten Tretminen), die Verabschiedungen am Fenster (wo ich mir wie ein Scheusal vorkam, mein weinendes Kind allein zu lassen) oder die jährliche Weihnachtsfreude über das selbst gemalte und von Knackies in Santa Fu aufgezogene Bild. Ich schluckte. Die Bilder haben bei uns einen Ehrenplatz an der Treppe in das Obergeschoss. Sie sind alle so wunderschön. Ich hatte bereits an eine Verlängerung der Treppe gedacht, war im ersten Versuch allerdings an den amtlichen Bauvorschriften gescheitert: Ein Treppenhaus würde nur in Verbindung mit einem passenden Stockwerk genehmigt!

Mit den Bildern wäre nun Schluss. Das letzte Gemälde hatte den letzten freien Platz eingenommen. Das Ende der Kindergartenära käme so gesehen zur rechten Zeit. Doch ich würde die Spannung an Heiligabend, welche Farben und Formen das neue Kunstwerk hätte, sehr vermissen.

Da hatte sie mich also, meine Frau. Und schon stand ich auf der Steinmauer zur Bergstedter Chaussee und versuchte mich daran, in ein Puzzle von kantigen Granitsteinen Löcher für Buchensetzlinge zu graben. Und es machte Spaß! Es ist doch schön zu sehen, wenn man gebraucht wird. Wenn man dem schwachen Geschlecht helfen kann, das solche schweren Tätigkeiten zu verrichten nicht im Stande ist und sich mit dem Planen und Organisieren begnügen muss. Oder wenn man mit anderen Männern über Gartengeräte fachsimpeln kann: Meine Handschuhe, mein Spaten, meine Schiebkarre. Getunt. Tiefer gelegt, mit teuren Niederdruckbreitreifen und Handgriffen aus biologisch-dynamischen Krokoleder. Mundgekaut.

Und dann gab es ja noch die Frühstückspause. Ohne die selbstgebackenen Brötchen. Im Stehen. Keine kurzbeinigen harten Stühle. In einer Tasse mit Apfelsaft schwammen die ersten Frühlingsfliegen. Meine Tochter drückte mir ein klebriges Marmeladenbrot in die Hand. Mit Sand.

Ich lehnte mich auf meine Schaufel. Meine Frau zwinkerte mir verschwörerisch zu.

Um mich herum der Garten voller Kinder. Ein Geschrei wie im Freibad.

Schade, dachte ich, da wird mir doch was fehlen.

Handballer auf Entzug

Ich liebe Ferien.

Man kann mal richtig ausschlafen, den Tag mit der Familie verleben und kein Termin hetzt einen. Es ist Sonnabend, 6 Uhr 12, wann man als Vater eben so aufgewacht wird. Da war doch was? Genau, ein Wochenende ohne jegliches Handballspiel auch nur eines Familienmitgliedes.

Normalerweise verbringen wir die meisten Stunden eines Wochenendes in miefigen Schulturnhallen auf kleinen harten Bänken, jubeln den Kindern beim erfolgreichen Torwurf zu, ereifern uns über unfähige Schiedsrichter und gegnerische Hooligan-Eltern.

Doch es gibt auch die spielfreie Zeit zwischen den Saisons. Unsicherheit. Was machen wir?

Gut, am Sonnabend kann man einkaufen, das lenkt ab. Nachmittags Bundesliga im Fernsehen. Wenigstens ein Ballsport. Wenn auch der falsche Körperteil. Leichte

Schweißausbrüche, denn der Sonntag naht. Ohne Fahrt nach Buxtehude, Elmshorn oder Norderstedt. Nicht mal ein bisschen Heimspiel. In der Küche werfe ich den auf dem Markt erstandenen Salatkopf mit einem satten Unterarmwurf in das Gemüsefach (Küchentipp: Eisbergsalat liegt deutlich besser in der Hand als ein Rucola; und entgegen aller Ökomanie ruhig mal den eingeschweißten nehmen: Der fliegt besser!). Ich stolpere über die nicht benötigten Turnschuhe der Kinder. Der Geruch verheißt Tore, Tränen und Triumphe. Erstes Zittern. Die Linderung durch die älteste Tochter, die einem A-Jugendspiel zugeschaut hatte und um Taxi-Dienste nachsucht. Sie war eher wegen der Spieler, denn wegen des Spiels dort. Ich sauge den Geruch der Halle – Nikotin, Bier, Schweiß und Staub – gierig ein. Am Kampfgericht ein Sportkamerad aus meinem Verein. Aah, das hilft.

Nach einer unruhigen Nacht voller Alpträume (ich stehe immer wieder vor verschlossnen Hallen, werde mit Pizzabällen beworfen, es schneit und ich habe kurze Hosen an) wecken mich die Kinder um kurz vor 7 Uhr. Die Kissenschlacht dominiere ich mit kraftvollen Fallwürfen, bis die Gegner reklamieren, ich würde immer auf den Kopf zielen. Weicheier! Am Frühstückstisch Diskussionen: Die Befürworter eines DVD-Tages mit Chips und Cola formieren sich gegen die Ausflugs-Fraktion. Das passive Mitglied der Deutschen Hausfrauengewerkschaft hält sich raus und will mit einem Roman und Tee in Ruhe gelassen werden. Schließlich einigt man sich im Sinne der Zeit: Wir wollen alles: So geht es in den Zoo, anschließend zu McDonalds, dann werden noch ein paar DVDs durchgezogen und meine Frau kriegt ihren Grüntee mit Vanille (Küchentipp: Die Teebeutel fliegen besser durch die Küche, wenn man sie nicht ausdrückt und diese neuartigen Tetraeder sind aerodynamisch spitze).

Durch den Zoobesuch fällt der nächste Urlaub ins Wasser: Die Kosten gleichen denen einer zweiwöchigen Pauschalreise nach Antalya. Hat die Türkei eigentlich eine Handballnationalmannschaft? Immerhin bin ich abgelenkt und auch der Winterkot der Elefanten entspricht nicht der sommerlichen Ballform. Er weckt somit keine Assoziationen. Trotzdem zuckt es im Wurfarm. Doch ich werfe nur Schneebälle bis der Wärter kommt. Bei den Orang Utans sieht es so aus wie in den Zimmern der Kinder. Die Affen leiden am Vermüllungssyndrom. Bei den Giraffen verschlägt es einem den Atem. Wie im Umkleideraum älterer Sporthallen. Die Erinnerung kommt wieder. Ein nervöses Augenzucken beginnt. Magenschmerzen. Ich brauche dringend ein Spiel. Flehe meine Frau an: Nur ein Spiel, ein kleines Match. Sie beschwört mich, durchzuhalten. Doch am Abend geht es nicht mehr. Während die Kinder sich um den besten Platz vor dem Fernseher streiten, fahre ich zur Sporthalle und sehe mir in meiner Verzweiflung ein Spiel der 1. Herren gegen irgendeine andere Gurkentruppe an. Das ist zwar nicht schön aber immer noch besser als ein Sonntag ohne Handball.

Ich hasse Ferien.

Das Phantom

Als Kind hatte ich einen absoluten Lieblingsschauspieler. Man muss zu seinen Jugendsünden stehen, hörte ich den ehemaligen Schwarzwaldklinik-Doktor Sascha Hehn neulich sagen, als er auf seine schlüpfrigen Filmanfänge á la „Im Wald ist's gut jodeln" oder „Herr Doktor holt sein Ding raus" angesprochen wurde. Neben den eher brachial-ästhetischen Bud Spencer Filmen, liebe ich den einmaligen Grimassenschneider Louis de Funès. Besonders als Gendarm von St. Tropez prägte er mein Bild von Frankreich nachhaltig und führte schon knapp fünfunddreißig Jahre später zu einem ersten Urlaub am Mittelmeer. Weniger gut gefielen mir die Fantômas-Streifen, weil er da immer das Nachsehen gegen Jean Marais hatte. Ich hasse es, wenn mein Verein verliert oder mein Held als Trottel da steht. Ja, als Schalke-Fan hat man es nicht leicht. Aber die Filme um den französischen Bösewicht gaben mir auch mein Bild von einem Phantom.

Bis unsere älteste Tochter ein Alter erreichte, in dem ein mögliches Zusammensein mit einem Jungen nicht mehr wie das mit einer Spinne kommentiert wurde. Iiiiiiiiiiiiii!

Lange Spaziergänge im Einkaufszentrum, Chatten rund um die Uhr und abgeschlossene Kinderzimmer: Den Eltern wurde der Freud schon gar nicht vorgestellt. Als ob ich ein Problem damit hätte, nicht mehr der wichtigste Mann im Leben meiner Tochter zu sein oder etwas dagegen hätte, dass irgendein Schmierlappen an meinem süßen kleinen Fratz herummacht, der doch gestern erst auf meinem Arm geschlummert und mich vollgesabbert hat.

Zu ihrem ersten Freund verhörten meine Frau und ich sie einmal, um uns wenigstens ein ungefähres Bild zu machen. Doch bei seiner Größe musste selbst sie passen: So dicht hätte sie noch nicht neben ihm gestanden, lautete die Antwort und das Ende unserer Fragen. Will sagen: Wir wissen nicht, wie innig sie ihre Bekanntschaften selbst empfindet; unser Verhältnis zu ihren Freunden verhält sich so innig wie unser Verhältnis zu einem positiven Kontostand. Soll es geben, haben wir aber noch nicht gesehen!

Es war uns also unmöglich, den Freund oder den nächsten Freund der Tochter selbst in Augenschein zu nehmen, obwohl wir manchmal fast dran waren: Ein fremder Wagen stand vor der Tür und was ich von hinten für den zotteligen Pizzaboten gehalten hatte, soll der geheimnisvolle Freund gewesen sein. Ein anderes Mal vermaß ich Fußabdrücke im Schnee, um mir eine Vorstellung von Größe und Gewicht zu machen: Ich schaue CSI Miami bis New York und kann das! Schließlich kam es so, wie es kommen musste. Der jeweilige Freund der ältesten Tochter bekam den Sammelnamen „Das Phantom". Wir konnten sie mangels Bekanntschaft sowieso nicht unterscheiden.

Einmal war es angeblich im Haus, als meine Frau und ich schon im Bett lagen. Es gibt Momente, da wollten nicht einmal wir einem Phantom begegnen. Das Phantom wusste sich immerhin in dieser Hinsicht zu benehmen. Und kürzlich, als ich nachts nicht schlafen konnte, sah ich Glühwürmchen im Garten fliegen. Später desillusionierte man mich: Phantome rauchen.

Rhythmische Leser meiner Zeilen kennen um unsere Vorliebe für das gemeinsame Frühstück der Familie, bei dem wir uns gegenseitig über Fragen der Allgemeinbildung verhören oder darum streiten, wer die Milch ausgetrunken hat und aus dem Keller neue Tüten holen muss. (Das ist immer der mit dem dicksten Milchbart und der vehementesten Behauptung, überhaupt keine Milch getrunken zu haben oder die Mama!) Dieser Termin so gegen zehn Uhr am Sonntagmorgen ist heilig. Es spielt keine Rolle, ob jemand Spanier ist, er erst nachts um vier vom

Kiez zurückgewankt ist oder aus anderen Gründen eher Nachdurst als Hunger hat. Wenn Freunde bei den Kindern übernachten, wird die Tafel eben erweitert und wenn ein Freund bei uns geschlafen hat, stürzen wir uns auf ihn wie Robert Koch auf den Tuberkuloseerreger. Dann wird ein Phantom schnell zum Bakterium. Es ist manchmal nicht leicht für so ein kleines Bakterium unter dem Mikroskop der großen Familie. Wissen, Manieren, Aussehen. Alles kommt auf den Prüfstand. Aber so ein Bakterium ist ganz schön trickreich: Wie ein Phantom halt. Da wird Müdigkeit vorgetäuscht und sich in unter die fremde Decke gekuschelt oder ein dringendes eigenes Familienfrühstück vorgetäuscht (als ob es das heute noch gäbe!). Sogar die die überstürzte Flucht haben wir schon erlebt: Nach unserer Frage zum Erscheinen des Freundes beim Blick auf den überzähligen Teller, stellte sich heraus, dass er gegangen so wie er als Fantômas in der Nacht gekommen war: Jean Marais hatte sich durch das Fenster aus dem Staub gemacht. Wieder nichts.

Bei uns wird die Hochzeit der Tochter wohl etwas ganz besonderes. Jedenfalls in einem Traum, der mich schweißgebadet aufwachen ließ und zum Glühwürmchenbetrachter machte: Ich führte den Bräutigam zum Altar, lupfe einen Motorradhelm und begrüße einen völlig Unbekannten: Hallo Sohn, sagte ich und er antwortet: Hallo Schwiegerpapa, mein Name ist Fantômas! Dann guckte ich zerknittert wie Louis de Funès, sprang in meinen Polizei-R4 und fuhr nach St. Tropez.

Gelegentlich höre ich beim Belauschen von Mutter-Tochter-Gesprächen Schlagworte wie „ausbleibende Regel" oder, immer wieder schön, „Schwangerschaftstest". Da schellen sämtliche Alarmglocken, denn eine weitere Möglichkeit tut sich auf: Ich lerne mein Enkelkind eher kennen, als dass mir mein Schwiegersohn über den Weg läuft! Besuch im

Krankenhaus, jemand drückt mir den Enkel in die Hand, ich sage „Danke, Herr Doktor" und er darauf: Schwiegervater, ich bin es; Fantômas! Und diesmal sieht das Baby aus wie de Funès!

Um dieser Schreckensvisionen zu entkommen und aus dem Wissen, wie wichtig Rhythmen sind, drängen wir in regelmäßigen Abständen immer mal wieder auf eine Vorstellung, aber einfallsreich wie die Jugend so ist, gibt es immer neue Gründe, ihn uns vorzuenthalten. Lernen, Essen, Sport, Sockenzusammenlegen, Handy-Telefonate oder eine Reise nach Sri Lanka. Die Phantasie kennt keine Grenzen. Sogar die Behauptung, er müsse für ein Geografie-Referat lernen, wurde uns schon angeboten: Da konnte es sich nur um die Topografie Absurdistans handeln oder Molwaniens, dem Land des schadhaften Lächelns. Wahrscheinlicher war da schon, dass er in der Oper jobbte. Als Phantom.

Die größten Sorgen bereitet uns der Gedanke, dass es den jungen Mann überhaupt gibt. Unserer Tochter ihr großer Freund Harvey? Als Pubertierende im Endstadium hat sie es nicht leicht, ihre Meinung durchzusetzen. Absurde Diskussionen über den Sinn der Begriffe Eigentum und Rücksichtnahme oder über die Notwendigkeit des Schlafens und des Gelderwerbs enden oftmals in herzergreifenden Szenen des völligen Zusammenbruchs aller Beteiligten. Wir schreien, schlagen die Türen und heulen am Ende um die Wette.
Ein jugendlicher Mensch wie unsere Tochter könnte da schon mal mit optischen Halluzinationen reagieren. Vielleicht kann Dr. Sascha Hehn helfen. Den habe ich erst neulich wieder gesehen. Oder nicht?

Halbwertszeit

Für den gewöhnlichen Atomphysiker unter uns ist die Halbwertzeit die Zeit, in der sich ein exponentiell mit der Zeit abnehmender Wert halbiert hat. Oder einfacher mathematisch mit dem Zerfallsgesetz gesagt: $N(t) = N_0 * 2^{-t/T1/2}$.

Das mag helfen, wenn man sich über den hälftigen Zerfall eines radioaktiven Nuklids von zum Beispiel Tellur Gedanken macht: Er beträgt 7 Quadrillionen Jahre und dauert damit sogar noch länger als die Tilgung unserer Bankkredite. Ich weiß nicht, ob mich dieses Wissen beruhigt. Ich persönlich habe wohl zu oft in Physik gefehlt, denn mir ist auch nicht klar, ob ich mich nun freuen soll, wenn das Plutonium im Endlager um die Ecke in 24.110 Jahren nur noch die Hälfte so doll strahlt.

Viel lebensnaher für mich als gewöhnlichen Familienvater ist die Halbwertszeit von einem Teller. Sie beträgt je nach

60

Ausgelassenheit am Mittagstisch der von Francium und dauert ca. 22 Minuten. Dann ist der Teller halb und nichts mehr Wert. Ähnliches gilt für den Neuwagen, der mit Ausfahrt vom Hof des Händlers seinen Wert halbiert. Hat man sich für eine koreanische Marke entschieden, kann dann sogar zeitweise der mitgelieferte Blumenstrauß für die Gattin mehr wert sein als der Wagen selbst. Bei Computern ist es noch krasser: In dem Moment, in dem ich ihn in meinem Media-Markt-Laden in den Einkaufswagen lege, geizt irgendwo jemand nicht mit geilen Ideen. Am nächsten Tag finde ich garantiert eine Beilage in der Zeitung, die mir meinen PC für den halben Preis anbietet und mich denken lässt: Ich bin doch blöd.

Längere Halbwertszeiten haben Kinderspielzeuge der eigenen Jugend, die in Kisten auf dem Speicher oder bei den eigenen Eltern im Keller die Jahre überdauert haben. Irgendwann findet man sie wieder oder wird von Mutter oder Vater vor die Wahl gestellt: „Entweder nimmst du das Zeug jetzt mit oder wir bringen es zum Recyclinghof. Wir brauchen Platz für Konserven." Man fragt, ob eine schlechte Zeit oder ein Atomkrieg drohe, denn mit den angehäuften Dosen Pichelsteiner oder Pfirsiche im eigenen Saft könnte eine mittlere Kleinstadt über Wochen versorgt werden. Dennoch holt man die sorgsam beschrifteten Kartons ab und erinnert sich beim Stöbern sehnsüchtig an die eigene Kindheit ohne PC und Handy. Dann ruft man die Kinder zusammen und präsentiert das historische Anschauungs- material. Begeistertes Gähnen, verbunden mit dem mühsam unterdrückten Wunsch, zu seinem Chat an den Rechner zurückzukehren ist die Folge. Trotzdem kann man von nun den Verfall mit bloßem Auge beobachten: Teddys verlieren Augen und Köpfe, Autos Räder und Spielsammlungen die Hälfte der Spielfiguren. Mensch, ärger dich nicht!

Ein besonderes Phänomen zeigen bei uns Fernbedienungen: Die Halbwertzeit von kompletten Fernbedienungen liegt irgendwo bei der von Schwefel (87,5 Tage). Ob das etwas mit den sich zersetzenden Essensresten in den Kinderzimmern zu tun hat, muss noch geklärt werden. Normalerweise haben jedoch schon die Deckel der Batteriefächer eine Halbwertszeit von 3,8 Tagen (Radon). Das führt zusätzlich dazu, dass die Batterien ständig verschwinden und durch neue (am besten aus elterlichen Geräten) ersetzt werden müssen; andererseits verlängert es die Anwesenheit der Fernbedienung um mehrere Monate (man spricht in der Mathematik dann auch von der Verdoppelungszeit).

Hätte ich in Mathe besser aufgepasst und nicht die halbe Zeit der Schulstunden in der Wertkauf-Filiale (die gute alte Halbwertszeit der Jugend) verbracht, könnte ich an einer Formel demonstrieren, wie sich zudem die Anzahl der Kinder auf die Halbwertszeit von Haushaltsgegenständen auswirkt. Um ihnen das zu veranschaulichen, sollten sie einfach mal vorbeikommen. Aber Vorsicht an der Tür. Der halbe Griff ist einem Wutanfall zum Opfer gefallen.

Falls Sie keine Zeit haben, versuche ich es anhand einer Jugenderinnerung zu erklären. Damals, in der guten alten schwarz-weißen Zeit gab es eine Versicherungswerbung, bei der die Familienmitglieder plötzlich nur mit halbierten Gegenständen da standen, weil die Versicherung wegen einer fiesen Unterdeckung im Schadensfall nur die Hälfte ersetzt hatte. Papa weinte an dem halben Kühlschrank vor der Hälfte der Bierflaschen und das Kind flennte, weil es mit dem halben Roller nicht zu Recht kam. Nur Mutti war fröhlich, weil sie auch nur noch die halben Sorgen hatte. So oder so ähnlich war der Fernseh-Spot.

Bei uns ist es ähnlich, nur dass nicht der Herr Kaiser von der Hamburg-Mannheimer schuld ist, sondern die bereits erwähnte, von der Anzahl der Kinder abhängige Halbwertzeit von Haushaltswaren. Wir fönen uns die Haare mit einem halben Haartrockner, weil jemand die Düse verloren und den Staubfilter abgefummelt hat. Gut, könnten sie sagen, wir Eltern haben ja auch nur noch die halbe Fülle in den Haaren. Aber die Hälfte unserer alten Asterix-Hefte hat auch nur noch die Hälfte der Seiten, es gibt nur halbierte Ohrringpaare und die Fahrräder der Kinder sind nur halb so gut wie es die Polizei und die Vorschriften für eine ordnungsgemäße Beleuchtungs- und Bremsanlage erlauben. Kinderfahrradbeleuchtung hat übrigens bei uns neben Beryllium (90 Trillionstelsekunden) die kürzeste aller bekannten Halbwertszeiten.

Wenn Sie wollen und sich vor Ort einen Eindruck verschaffen möchten, können Sie auch gern zum Essen bleiben. Allerdings gibt es nur Fingerfood, denn Teller haben wir keine mehr. Übrigens auch kein Tellur….

Mediterrane Ausdruckskunst

Manchmal benötigen meine Frau und ich etwas Zeit. Zu erkennen, warum unsere Kinder etwas tun oder lassen zum Beispiel.

Kommen wir nochmals auf die Teller zurück. Die, die wir nicht haben, es sei denn, wir kaufen welche neu. Oder beschäftigen uns, präziser ausgedrückt, mit schmutzigen Tellern. Die haben wir und mit denen tun sie gar nichts, sondern lassen sie stehen. Um sie von uns Eltern säubern zu lassen. Sie tun sie aber auf keinen Fall selbst in die Küche bringen, sondern hoffen darauf, dass sie auf eigenen Beinen dorthin asseln oder zumindest von Muttern dorthin getragen werden. Das ist bequem. Man könnte auch sagen: Faul.

Die Kinderzimmer betreten (oder betraten) wir nur dann, todesmutig und selbstverständlich mit Maske und in Ganzkörperschutzanzug, wenn die Teller ausgehen und der Besuch partout seine Suppe nicht von Frühstücksbrettern essen will. Oder wenn wir nach eigenen Schminkutensilien,

Fotoapparaten oder Telefonen suchen müssen. Also nach all solchen Dingen, auf denen – virtuell – geschrieben steht: Für Kinder verboten! Elterliches Eigentum! Hände weg!

Eigentlich darf das gar nicht passieren, denn mittlerweile haben wir Tresore in allen wichtigen Räumen, um unbefugten Zugriff zu verhindern. Leider vergessen wir gelegentlich doch einmal, Wichtiges darin zu verschließen und außerdem halten die wenigsten Anrufer durch, bis wir uns an die Nummernkombination des Wohnzimmertresors erinnern.

Kürzlich sah ich meine Frau mit einer Monstranz in den ausgestreckten Händen auf dem Weg zur Küche. Bei näherem Hinsehen jedoch stellte sich heraus, dass sie einen Teller Spaghetti Bolognese trug, möglichst weit weg, um das Einatmen giftiger Dämpfe zu verhindern. Dabei hätte sie sich keine Sorgen machen müssen, denn jeder Paläontologe im ersten Semester weiß, dass bei der Entstehung von Fossilien der abgestorbene Organismus zwar mehrere Phasen durchläuft, bevor die Fossilisation abgeschlossen ist, der vorgefundene Teller aber auch ohne die in unserem Haushalt übliche radiometrische oder stratigraphische Altersbestimmung durchaus als so versteinert und so tot zu erkennen war, dass keine Gefahr durch Bakterien oder austretende Gifte mehr bestehen konnte. In Fachkreisen gelten die Kinderzimmer im Haushalt Brood neben der Grube Messel oder dem Stöffel-Park in Enspel als wichtigste paläontologische Fundstelle.

Die Essensreste auf dem Teller waren also völlig versteinert. Doch das war noch nicht alles: Der rote Belag war gesprenkelt mit grauen Ascheflocken wie die japanische Insel Kyushu nach einem Ausbruch des Vulkans Unzen; mit einer Zigarettenkippe in einem Haufen ehemaliger Nudelsauce wie ein Mahnmal zur Erinnerung an die tödlich verunglückten Vulkanologen Krafft. In liebevoller Erinnerung, denn mitten

65

auf dem Teller hatte jemand ein Herz in die steinharten Anhaftungen geritzt.

Während meine Frau überlegte, mit welchen Methoden der Teller wieder seiner bestimmungsgemäßen Benutzung zugeführt werden konnte, erinnerte sie sich plötzlich, gerührt durch das Herz, an die Putzfrau, die die Fettecke Joseph Beuys aus der Kunstakademie Düsseldorf entfernt hatte. Was, wenn das Kind ein Künstler war? Es sich hier nicht nur um sich zersetzende Essensreste, sondern um ein Werk mediterran-meditativer Nachdenklichkeit als künstlerisch-kontrapunktierendes Ausdrucksmittel mittels provozierender Nutzung banaler Haushaltsgegenstände handelte?

Ja, so musste es ein.

Essensreste als experimentelle Anordnung. Es ist keine Faulheit, die unsere Kinder hemmt, sondern künstlerische Ausdruckskraft, die sie antreibt! Und diese kommt von Herzen!

Tellerstehenlassen als künstlerischer Liebesbeweis.

Dass wir darauf nicht früher gekommen waren, dachten wir mit Tränen in den Augen. Tränen, die, wie wir nebenbei feststellten, von großer Reinigungskraft sind und demnächst von der Firma Henkel als „Pril Salty Fresh" in den Handel kommen werden.

Doch wir waren auch gewarnt: Unsere Kinder zeichneten sich seit jeher in großer Kreativität aus. Von der Arbeitsvermeidung bis hin zur Geldbeschaffung. Deshalb unterlassen wir seitdem die Reinigung solcher Installationen, um nicht Gefahr zu laufen, vom Künstler zur Aufbesserung seines Taschengeldes verklagt zu werden. Die entfernte Fettecke erbrachte schon 1986 vierzigtausend Mark Schadensersatz. Das könnten wir uns nicht leisten. Da kaufen wir lieber öfter mal einen neuen Teller. Am liebsten einen sauberen.

Helterlein

Täglich kommen wir mit unterschiedlichsten Maßeinheiten in Berührung. Ob beim Ablesen der vermutlich kaputten und viel zu viel „Kilogramm" anzeigenden Waage oder dem „PS"-Vergleich zwischen unserem VW-Bus und den SUVs der anderen Kindergarten-Eltern. Weniger üblich ist vielleicht die Verwendung von „Siemens" aus dem internationalen System für physikalische Einheiten. Sie bezeichnet nicht etwa den Zeitraum, den ein Elektrogerät nach Ablauf der Garantiefrist noch funktioniert, sondern einen elektrischen Leitwert.

Fast gänzlich unbekannt dagegen ist die Maßeinheit Helterlein. Ein Helterlein (= 100 Boller) ist nicht etwa die Währung im Taka-Tuka-Land, sondern zeigt den Perfektionsgrad einer deutschen Normalfamilie: Mutti, Papa, Marcel und Angelina.

Paradebeispiele für diese Wundereltern findet man in jedem Freizeitpark oder Ostseebad.

Durch Zufall lernten meine Frau und ich die Familie Helterlein, nach denen die Maßeinheit benannt worden ist, einmal persönlich kennen. Danach ging es uns sehr schlecht, weil wir uns so unwürdig vorkamen. Es war in den Sommerferien an der Ostsee. Die Sonne schien vom Himmel und wir befanden uns auf dem beschwerlichen Weg zum Strand. Wie Sherpa Tensing auf dem Weg zum Mt. Everest, schleppte ich Strandspielzeug, Kühltasche, Decken, diverse Bälle von Feder bis Medizin, Barbiepuppen und alles, was Kinder sonst noch so am Strand nicht brauchen. Meine Frau hatte das Gleiche noch mal plus der Verantwortung für die Kinder, die gern einmal vom rechten Weg abwichen, uns seltene Tiere oder Pflanzen zeigen mussten oder mal mussten. Es war weit vom Parkplatz bis zum Ufer. Kurz gesagt: Es war schwer. Der Sauerstoffmangel machte uns zu schaffen. Dafür brauchen wir gar nicht den höchsten Berg der Erde. Plötzlich rauschte auf den dort ausgelegten Holzplanken etwas von hinten heran. Wind kam auf, mir schien sphärische Musik zu erklingen und ein Sonnenstrahl folgte dem Trupp, der uns gleich darauf spielend und mit einem fröhlichen Gruß auf den Lippen überholte. Wir keuchten zurück. Es war die besagte Familie Helterlein. Mutter und Vater mit praktischem Rucksack, bereits mit Lichtschutzfaktor 20 eingecremt und mit Birkenstock-Sandalen sicher beschuht, während wir abwechseln in Holzsplitter traten oder über den heißen Sand tanzten. Ein Mädchen hüpfte lustig an der Hand, der Rucksack wippte, während ein kleiner dicker Junge fröhlich grinsend wie ein hülsenbecksches Kind in dem unvermeidlichen Bollerwagen thronte, vor sich die Strandutensilien sortiert wie ein deutscher Campingplatz: Alles in Reih und Glied eingetuppert und fein sorgfältig vom Nachbarn abgegrenzt.

Später trafen wir uns am Strand wieder. Der kleine Pummel saß wie Buddha brav auf einer lustigen Sommerdecke aus recyceltem Faserpelz unter einem noch lustigeren Schirm und guckte in der Welt herum, flugsandseitig geschützt von einem wie mit der Schublehre aufgestelltem Windschutz (Messwert: 1 Helterlein). Wenn er sich dann doch einmal bewegte, spielte er mit den hochwertigen Spielsachen aus Hart-PVC in Reichweite seiner Ärmchen, während wir unsere Nichtschwimmerkinder davon abhielten, ins Wasser zu robben oder die Zigarettenstummel zu essen. Für letzteren Fall des Hungers hatte Frau Helterlein das Grundsortiment der Firma Tupper dabei und zauberte mit einem sympathischen Plopp aus dem Frischepavillon oder diversen Naschkätzchen gesunde Vitamine in Möhren-, Apfel- oder Paprikaschnitzelform hervor. Genau abgezählt und parallel sortiert. Das waren bestimmt 5 Helterlein. Wir guckten neidisch und rissen unsere Tüten mit Hamburger Speck oder Kekspackungen ungeschickt mit dem Mund auf. Dann und wann erhob sich Vater Helterlein, dehnte sich ein paar Mal und schlug ein paar Federbälle oder sah seiner Frau dabei zu, wie sie ihre Badekappe aufsetzte, Badeschlappen anzog und nach gründlicher Akklimatisierung (Brustpartie, Achseln, Rücken) ins kühle Nass tauchte und ein paar kräftige Züge Brust schwamm. Danach wurde der feuchte Badeanzug unter allerlei lustigen Verrenkungen in einem Badelaken gegen einen trocknen Bikini ausgetauscht, um die bei 35°C drohende Blasenentzündung zu vermeiden. Die Sonnencreme musste nicht erneuert werden, da selbstverständlich bereits zuhause eine Grundierung aus wasserbeständiger Markenware aufgetragen worden war (1,5 Helterlein). Wir staunten mit offenem Mund und inhalierten die Sandfliegen. So verging der Tag. Unsere Kinder tobten wild herum, kleine Sandfontänen auf des dicken Kindes Decke von den Eltern kritisch beäugt, während die Familie Helterlein den Strandtag wie das Nato-Manöver „Beach

Storm" abwickelte. Alles funktionierte, es gab keinen Widerspruch und nach dem Essen wurde eine Stunde lang nicht gebadet.

Zum Boccia-Spielen förderte Herr Helterlein ein verheißungsvoll leuchtendes Achter-Set Plastik-Kugeln aus dem Bollerwagen hervor. Bei uns ist grundsätzlich nach ein paar Tagen das Plastik-Netz für die Kugeln defekt oder verschwunden. Zu den zwei bunten Schweinchen muss ich wohl nichts mehr sagen, oder? Während die Helterleins also mit Sonnenhut und Strandanzug den Adenauer gaben, mussten unsere Kinder das Free Range Boccia erfinden, denn ein halbes Boccia-Set trage nicht einmal ich zum Strand. Sie suchten also passendes Sedimentgestein zusammen, kombinierten es mit sich farblich abhebenden Magmatiten und taten somit gleich noch etwas für ihr Grundwissen in Geologie. Das Spiel endete erst, nachdem eines der Kinder einen scharfkantigen Metamorphiten an den Kopf geworfen bekam. Kein Problem: Frau Helterlein hatte selbstverständlich Sprühverband und wasserfeste Pflaster mit lustigen Tiermotiven dabei.

Es fröstelte uns am Ende des Tages. Das konnte an der Überhitzung durch die unmäßige Sonneneinstrahlung gelegen haben oder an der miterlebten, unmenschlichen Perfektion, mit der der tiefer gelegte Bollerwagen vor Abfahrt einer Inspektion unterzogen wurde.

Des durchschnittlichen deutschen Mannes zweitliebstes Fortbewegungsmittel nach dem hochglanzlackiertem 3er BMW oder, je nach Familienstand, dem vernünftigen VW-Passat (Turbo-Diesel, Russpartikelfilter, Tweety als Saugnapfsonnenschutz an den Fenstern, Wertung 8 Helterlein) schien in Bezug auf Reifendruck und Gelenkschmierung den strengen TÜVartigen Augen von Papa Helterlein zu entsprechen. Es wäre ja auch noch schöner, wenn der Strandausflug in gemeinem Flugsand sich negativ auf die nächste Vatertagstour auswirken würde: Eine grässliche Vorstellung, dass die Inauguration der jungen Männer in die überlieferten Gebräuche der Alten bei gruppendynamischem Genuss hochprozentiger Getränke, dem Paffen dicker Zigarren oder zotigen Gesprächen über geile Weiber nicht vom Quietschen einer offenmundigen Gummipuppe, sondern von dem eines Radlagers gestört werden könnte.

Auf dem Weg zum Parkplatz wurden wir wieder von der Familie Helterlein überholt. Der luftbereifte Bollerwagen mit perfekter Profiltiefe rauschte nur so an uns vorbei, das pulverlackbeschichtete Gestell glänzte in der Abendsonne. Als wir mühselig und beladen den Parkplatz erreichten, verblassten die Aufkleber „Marcel und Angelina an Bord" bereits in der Ferne und der Abendsonne. Und später ging es bestimmt gemeinsam zum Minigolf, bevor Mama Helterlein ihre Lieblinge mit Ronja Räubertochter nach dem gemeinsamen fünfminütigen und sanduhrkontrollierten Zähneputzen in den Schlaf las.

Wir waren so neidisch und fragten uns, warum unsere Kinder nie auf einer Decke sitzen blieben, den obligatorischen Sonnenhut nach zehn Sekunden als Frisbee benutzten und nur nach Androhung von Gewalt „Wir geben Euch sonst bei den Helterleins ab!" aus dem Wasser kommen.
Vielleicht gehen wir zuwenig auf sie ein. Anders als die Leute, bei denen Mama Taxi oder ich Tag für Tag über ihre liebevoll auf den Asphalt gemalten Fußball- oder Tennisfelder fahren. Sie gehen dann vorschriftsmäßig zur Seite und winken frisch-fröhlich, ehe sie dann wieder Stunde um Stunde mit dem kleinen Stammhalter Ballack oder Becker imitieren. Natürlich stilvoll im passenden Trikot. Aus jeder Pore hören wir es rufen „Was sind wir für tolle Eltern!"

und dann ducken wir uns hinter das Lenkrad und zählen deren Helterlein.

Das gilt auch, wenn sie in ihre Skater-Montur durch die Straße rauschen: Mutter und Kind mit allem ausgestattet, was die Sportartikelindustrie so hergibt und die Stiftung Warentest oder die „Eltern" für die altersgerechte Ganztagesbetreuung auf Rollen so angeordnet hat: Rollenbremse, Helm, Knieschützer, Ellenbogenschützer und Handgelenkschützer (bestimmt 5 Helterlein). Wahrscheinlich haben sie auch noch einen Zahnschutz drin. Vater, dass gebe ich zu, ist ein Revoluzzer und trägt gelegentlich nur den Helm. Dafür kann er sich allerdings als einziger auch noch leidlich bewegen und stolpert nicht wie Michelin-Männchen von einem Gullydeckel zum anderen. Er dürfte garantiert und vorbildlich den Volkshochschulkurs „Inliner fahren für perfekte Eltern" besucht haben. Da wird nichts dem Zufall überlassen.

Zwei Seelen wohnen ach in meiner Brust: Manchmal würde ich auch gern ein volles Helterlein erreichen. Oder zumindest 50 – 60 Boller. Keine Diskussionen, vollständige Spielsets und neuwertige Autopolster. Das Leben wäre einfacher, doch tief im Innersten bin ich froh, dass meine Kinder gelegentlich von der Decke krabbeln und ihren eigenen Kopf haben. Auch wenn daran ein Pflaster von Frau Helterlein klebt.

Das Bullerbü-Syndrom

Schweden, das ist für uns das Land der Ruhe und der vollkommenen Entspannung. Und das Land des Wartens. Kein unruhiges Fiebern, sondern ein gelassenes Hoffen. Hoffen auf den dicken Hecht am See, wenn der Abenddunst von der untergehenden Sonne beleuchtet wird oder die Fledermäuse lautlos über das Wasser jagen. Oder Spannung, ob ein Elch, mit seinen dünnen Beinen unter dem massigen Körper, aus dem Dickicht tritt, wenig elegant, fast wabernd und doch so eindrucksvoll. Und wenn beide nicht kommen, nicht der glänzende Fisch und nicht der graue Hirsch, dann war das Warten doch wunderschön. Trotz gelegentlicher Mückenstiche.

Das kann auch das Warten auf dem Klo sein. Das schwedische Weißmehl sei Dank. Das „utedass", das schwedische Herzhäuschen, liebevoll gezimmert,

73

alleinstehend oder wie ein Baumpilz an den Holzschuppen geklebt, mit kleinen Gardinen, zarten Tapeten und einer dicken Kerze für die Nacht, ein Lieblingsplatz mit Zeitung, bei offener Tür der Blick frei auf moosbewachsene Felsen, krautige Wiesen und rote Vogelbeeren vor dunklen Tannen. Vielleicht ein paar Johannisbeeren, die einem in den Mund zu wachsen scheinen, die süße Säure sichtbar spürbar. Man hat Zeit auf dem „utedass". Zeit zum Denken, zum Lesen, zum Warten. Wie von Ferne dringen nur das Zwitschern der Vögel und die Geräusche der tobenden Kinder herüber.

Dann zurück zum falu-roten Haus mit seinen weißen Kanten, die vielleicht darauf warten, wieder einmal gestrichen zu werden. Barfuss gehend, über den kurzgemähten Rasen und kleine spitze Felsen, von denen nur ein Bruchteil aus dem Boden ragt, wie Eisberge, nur nicht so gefährlich. Höchstens für die Schneideblätter des Rasenmähers. Äpfel liegen herum, unreife Pflaumen, Äste mit Flechten wie Bärte. Aus der Küchentür strömt der unwiderstehliche Duft sich gemächlich entfaltender Kanellbullar, leckerer kleiner Zimtküchlein. Natürlich wird es dazu Kaffee geben. Die Schweden warten immer auf ihren Kaffee. Und auf das Nachschenken. Sogar vor dem Zubettgehen. Nur noch einen kleinen Augenblick, dann sind die Kuchen braun und süß und lecker. Bunte Schmetterlinge flattern vorbei, winzige Frösche hüpfen durch das Gras zum alten Herzkirschenbaum oder in das Liliendickicht.

Man wartet auf den Postwagen, der einmal am Tag den staubigen Sandweg angerauscht kommt, oh, wie herrlich das staubt, wie bei Bullerbü auf der Chaussee, hofft, dass er anhält und eine Karte oder einen Brief in den Kasten wirft. Überlegt, was für ein Auto wohl als nächstes kommen könnte – es sind nicht viele – vielleicht der Bauer auf dem Weg zu seinen Kühen oder die Nachbarin, die ihre Kinder von der Schule abholt. Dann stehen wir im Garten und winken. Man ist freundlich hier in Schweden, nicht gleich kumpelhaft und – zumindest ohne Bier - eher respektvoll und distanziert, aber das Winken, das gehört dazu.

Anders als zuhause erwartet man sogar den Müllwagen, der nur alle zwei Wochen den Weg zu unserem Häuschen findet. Zwei, drei Rumpelstöße und dann ist wieder Platz für den Restmüll. Flaschen, Papier, Hartplastik und Weichplastik werden selbstverständlich in der Abfallstation getrennt hinter dem örtlichen ICA-Supermarkt entsorgt. Gleich, wenn die beiden Alten, die wöchentlich Supermarktwerbung in die Briefkästen verteilen, in ihrem noch älteren Saab weggefahren sind.

Und dann warten unsere Kinder auf die Nachbarskinder. Man hört sie schon von weitem rufen und lachen, eine kleine laute Karawane, die mit Hund, gelegentlich auch Katzen und einem kleinem Geschwisterchen im alten Kinderwagen, zwischen den Steinmauern, vorbei an der windschiefen Scheune auf Besuch zu den Deutschen kommt. Nicht vom Mittelhof, hier ist ja nicht Bullerbü, aber einen schönen Namen hat der Hof garantiert: „Wo das Glück wohnt" oder „Birkenwäldchen" oder vielleicht "Sonnenhof" steht auf dem Schild über dem Eingangserker.

Wenn die Kinder am Abend kommen und sich in der klaren Luft der magische Sternenhimmel über uns aufspannt, dann hören wir von weitem das Geräusch eines Pferdewagens auf seiner Zeitreise, das Schnauben der Ponys, sehen sie, ein kleines Irrlicht am Geschirr des Pferdes, herantraben. Womöglich bleiben die Nachbarskinder zum Essen, zum Pyttipanna-Essen, einem Mischmasch aus Kartoffeln, Zwiebeln und Fleisch, begleitet von aufgeregtem Sprachmischmasch aus Deutsch, Englisch und Schwedisch. Die Schweden, die warten so gern, dass es das Mittagessen, Middag, erst am Abend gibt.

Aber auch die Nacht eignet sich vorzüglich zum Warten. Nicht auf den Schlaf, der kommt nach den erfüllten Tagen an der klaren Luft, dem Baden und Spielen und Wandern wie von selbst, nein, nachts warten wir auf Sternschnuppen, die über den Himmel zischen oder auf lautlose Satelliten und blinkende Flugzeuge hoch über unserem kleinen Schweden.

Zuhause, zwischen Job, unbezahlten Rechnungen nervigen Nachbarn, im Alltag, da denken wir uns zurück und nehmen eines mit nach Deutschland: Geduld. Das freudige Warten auf den nächsten Urlaub in Astrid Lindgrens heiler Welt, auf Blaubeeren und Barsche, Zuckerstangen, Zimtküchlein und Fleischklößchen mit Kartoffelmus, auf alte Volvos und blubbernde Amischlitten, urige Scheunenflohmärkte, tiefe Wälder und klare Seen, stürmische Schärenküsten, rote und gelbe Holzhäuser und nächtliche Sternschnuppenfeuerwerke. Traumhaft.

Manche sagen, wir würden wie so viele Deutsche unter dem Bullerbü-Syndrom leiden; der Sehnsucht nach Heimat, Natur und Idylle, nach einer unbeschwerten Kindheit.
Stimmt, irgendwie.
Doch es ist kein Leiden.
Es ist so.
Und daran kann auch keine Mücke oder Stechfliege etwas ändern…

Ungebetener Besuch

Das Haus war gemütlich aber klein. Eher eine Hütte, denn ein respektables Wohnhaus, wie die anderen Toskanavillen in der gut situierten Ecke der Stadt mit den meisten Millionären Deutschlands. Ohne die Koniferenhecke hinter dem grünen Drahtzaun, keine gemauerte Einfahrt für den 5er BMW und den Mini unter dem druckimprägnierten Carport. Auch der obligatorische amerikanische Briefkasten fehlte. Warme Spätsommerstrahlen durchbrachen den sich im Wind wiegenden Bambus und der Sand vor der Veranda hätte die Füße erwärmt, wenn man die Gucci-Schuhe ausgezogen hätte.

Die Hausherrin war offensichtlich nicht auf Besuch eingestellt, nein im Gegenteil schien sie alles zu stören, was ihre momentane Tätigkeit unterbrechen konnte. Emily war ihr Name, nicht Karin oder Petra und sie war beim Hausputz. War es ein bevorstehender runder Geburtstag, ein Jubiläum oder eine Einschulungsfeier? Jedenfalls musste alles blitzen, jeder Winkel klinisch rein erscheinen und den Gästen das sprichwörtliche Essen vom Boden möglich sein. Nicht, dass man bei Emily die Nahrung von den Dielen aufnehmen müsste. Das Geschirr war teurer, aus dem nahe gelegenen Einkaufstempel, nein, nicht dieses nachgemachte Zeug, hier, der Aufdruck im Porzellan. Das Besteck? Sündhaft teuer, sage ich, aber günstig bei Ebay abgegriffen.

„Ich bin beim Putzen", wiederholte Emily, doch ihre Besucherin, nicht Gaby oder Sonja, sondern Holly ignorierte die mit dieser Aussage unausgesprochene Aufforderung, sich zum in dieser Gegend sehr oft Prada tragenden Teufel zu scheren. Wie die Stechpalmen hinter dem Haus Bissfeinde, wehrte sie die Ablehnung ab, doch ihre Waffe waren keine stachelbewährten Blätter, sondern ein fröhliches Lachen.

Manchmal muss man zu seinem Glück gezwungen werden, schien sie zu denken und trat auf die Veranda aus grober Fichte, über die unzählige Füße gegangen waren.

Emily fegte den Staub über die hölzernen, ausgetretenen Stufen, als ob ihre Besucherin nicht da wäre. „Es passt mir jetzt gar nicht", wurde sie nun deutlicher, „es sieht schlimm aus."

Holly lächelte. Sollte sie tatsächlich so brüsk abgewiesen werden? Sie hatte kein zweites Frühstück erwartet, keinen Piccolo, aber vielleicht eine Tasse Tee oder einen Kaffee?

„Ich bin nicht auf Besucher eingestellt", ahnte Emily ihre Gedanken und wenn sie überhaupt etwas zu Trinken aufgesetzt hätte, wäre es ein Gebräu aus giftigen Ilex-Beeren gewesen.

Doch Holly ging nicht. Stattdessen griff sie nach einem zweiten Besen, der in einer Ecke der Veranda stand. Aber ehe sie zum ersten Schwung ausholen konnte, sprang Emily mit der Geschmeidigkeit einer Raubkatze heran, entriss ihr den hölzernen Stab und fauchte wie eine Leopardenmama beim Verteidigen ihrer Jungen.

„Das ist unser Haus", zischte sie Holly an und wenn diese nicht so perplex gewesen wäre, hätte sie womöglich über die verwendete Mahrzahl nachgedacht. Stattdessen zeigte sie nur stumm, ein letztes Zeichen des Aufbegehrens, auf zwei bunte Becher auf einem Holztisch vor dem Fenster. Doch Emily schüttelte energisch den Kopf.

„Das ist unser Haus", wiederholte sie „und jetzt möchte ich zu diesem Thema nichts mehr hören."

Endlich hatte Holly verstanden. Große Tränen kullerten über ihre Wangen. Die Zweijährige sprang ihrer Mama, die am Rand des Spielplatzes gewartet hatte, in die Arme. Noch überrascht von der Sprache, die Emily mit ihren vielleicht 5 Jahren verwendet hatte, fand sie zunächst keine Worte, um ihre Tochter zu trösten. Doch dann wurde auch sie traurig.

Nicht wegen Holly: Die buk schon wieder fröhlich grinsend einen Kuchen aus Sand und Grashalmen. Womöglich für Emily. Kinder vergessen schnell.

Nein, sie vergessen nicht, sie verzeihen schnell, sind nicht nachtragend, korrigierte sie sich.

Und so war es auch Emily, die ihr nicht aus dem Sinn ging. Wie musste es da zu Hause in der Toskana zugehen, wenn die Tochter so sprach? Sie fröstelte trotz der Sonne. Dort konnte man sicher vom Boden essen. Doch bestimmt war das Haus weder klein noch gemütlich.

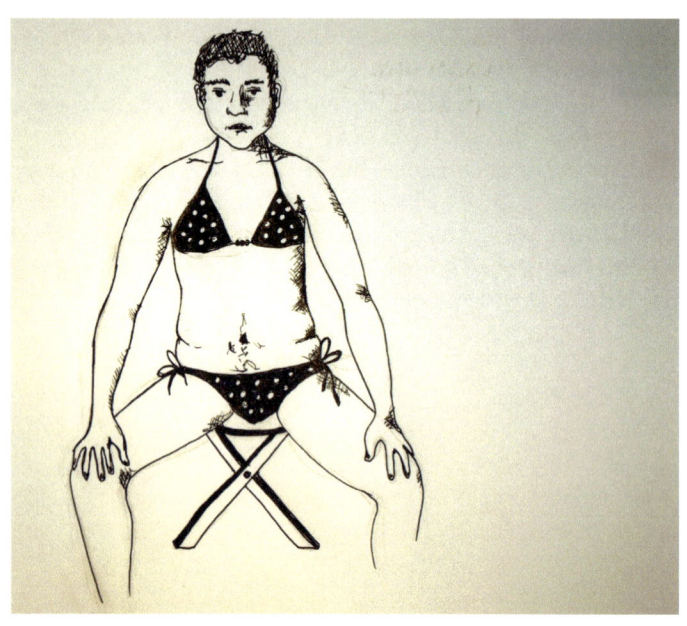

Menschensuppe

Mein Verstand und vor allen meine Frau (wenn beides nicht sogar dasselbe ist) bekräftigten kürzlich die Aussage meines Gürtels, der auf dem letzten Loch pfiff: Tu endlich etwas gegen deinen Rettungsring.

Die Alsterrunde, die klassische Hamburger Joggingstrecke, kam nicht wieder in Frage. Doch wozu wohnen wir an einem kleinen Wald mit schönen Wegen, lustig geringeltem Hundedreck und der Möglichkeit, schnell wieder nach Hause zu kommen? Besonders letzteres nenne ich eine ideale Vorraussetzungen zum Joggen. Nur allein macht es mir noch weniger Spaß als sonst schon. Meine Jüngste, die mich früher laut plappernd begleitet hatte, war gerade nicht verfügbar. Aber dafür stand meine Erstgeborene herum und lamentierte über die Liebe, defekte Handys und den aktuellen Cafélatte-Preis. Teenagerprobleme eben.

Laufen gehörte nicht dazu.

Allerdings schwimmt sie gern. Auch in Schwimmbädern, was für mich den Reiz einer Ganzkörperenthaarung hat. Also schlug sie mir einen Handel vor.

„Hallo Laufschuhe", begrüßte ich kurz darauf meine alten Treter in der Garage und verschlafen und verstaubt antworten sie:

„Hallo Dicker, ist denn schon wieder Sommer?"

Ehrlich wie ein Gürtel, die beiden.

Zehn Minuten später keuchten wir beide durch den Gebrauchswald hinter unserem Haus. Der Ausdruck ist nicht von mir: Ein grüner Bezirksabgeordneter hatte das idyllische Naturschutzgebiet einmal so bezeichnet und damit zum Ausdruck bringen wollen, dass die Natur hinter den Bedürfnissen der Menschen zurückstehen müsse. In unserem Wald wie auch in Moorburg an der Elbe. Irgendwie desillusionierend, so ein Grüner.

Turteltauben gurrten, Golden Retriever bellten. Der Belag eine Mischung aus Humus, Schotter und kleinen Glasscherben. Am Wegesrand Hundekot, leere Flachmänner und Chipstüten von Aldi. In der Natur ist der Sport am schönsten.

Fröhlich plappernd, zumindest wenn andere Läufer in der Nähe waren, drehten wir unsere Runden. Es passierte nicht viel: Zwei Frettchen und ein Mann beobachteten unseren Laufstil, der sich ähnelt und laut meiner Frau paddelig aussehen soll. In einem getunten Auto saßen zwei tiefer gelegte Jungs mit Basecaps und starten eine Wand an. Merkwürdig. Sie freuten sich über, ich vermute einmal, den Anblick meiner Tochter. Später sagte sie mir, dass sie den einen ganz gut kennen würde. Vaters Ohren horchten auf.

Nach einem Elektrolytgetränk setzten wir unseren Triathlon fort: Laufen, Autofahren, Schwimmen. Meine Tochter durfte fahren, während ich noch etwas hechelte und mir Gedanken zu den Laufeigenschaften des Wagens machte. Er lief unrund.

Meine Tochter darf gelegentlich (also immer wenn er herumsteht) auf das Auto zurückgreifen. Dafür sollte sie eigentlich Benzingeld bezahlen, den Wagen sauber halten und kleine Familienfahrdienste übernehmen (Schwester-Taxi). Wenn ich ihr Geld gebe, klappt zumindest das mit dem Tanken manchmal.

Doch diesmal hatte sie tatsächlich eine der übertragenen Aufgaben durchgeführt: Der eine Reifen hatte einen platten Eindruck gemacht.

Nach der Erklärung, wo der korrekte Druck abzulesen wäre, war sie mit einer Freundin zur Tankstelle ihres Vertrauens gefahren. Stolz hatte sie mir später davon erzählt, dass sie ordentlich Luft eingelassen hätten, bei 5 Bar wäre man aber unsicher gewesen und hätte sich auf 3,irgendwas geeinigt. Auch das kam mir hoch vor. Ich sah selbst nach und erklärte ihr den Sachverhalt: Beladen, unbeladen, vorn, hinten.

Aha sagte sie und ein freudiges Erkennen ging über ihr Gesicht. Sie hätte sich schon gewundert, wieso alle Reifen unter-schiedlichen Druck benötigen würden. Sie hatten jedes Rad anders befüllt. Vorn rechts voll beladen, vorn links leer, hinten rechts voll beladen und hinten links leer. Ich fragte mich, wie sie es schafft, allein nach England zu gelangen, ohne in Kasach- oder Absurdistanstan anzukommen oder einem jedes Handy erklären zu können und binnen Minuten sämtliche Kniffe der diversesten Geräte der Unterhaltungselektronik zu begreifen.

Ich hatte mich von dem Schock gerade erst erholt, mich selbst und meine Gene in Frage gestellt, als mich schon der nächste erreichte und mir klar wurde, dass meine Begleitung zum gemeinsamen Schwimmausflug nicht nur ideelle Gründe hatte. Als der bademeisterlich gekleidete Zahlmeister den Eintrittspreis aufleuchten ließ, klappte meine Kinnlade herunter. Er sah mich an und meinte nur: Energie ist teuer. Dann tippte er noch mal auf seine Kasse und der Preis verdoppelte sich. Ich japste nach Luft. Meine Tochter grinste. Ausgetrickst, dachte ich und folgte ihr zu den Umkleiden. In der Aufregung vergaß ich meinen Spruch, dass ich nicht das ganze Bad mieten, sondern nur eine Stunde schwimmen wollte.

Schwimmbäder sind nicht so meine Welt. Männer beim Umkleiden zuzusehen finde ich nicht so spannend und überall lauert der Fußpilz. Normalerweise tragen beim Gehen die Ferse und der Ballen über siebzig Prozent des Körpergewichts, die Großzehe fünf und die übrigen Zehen sieben Prozent. Da ich kein Ballettänzer bin, tastete ich mich auf den Fußaußenrändern in die Dusche, die somit statt sonst 15 Prozent die gesamte Körperlast zu tragen hatten. Würde ich zu oft Baden, wären Knochenfehlstellungen die Folge. Und ich bin bestimmt nicht der einzige. Aber darüber berichten weder Bildzeitung oder Stern und auch nicht dieses Apothekerheft mit den lustigen Tierbildern in der Mitte. Ein Skandal.

Die Duschen waren belegt. Durchweg ältere Herren standen in Badehosen herum, alle im Modell Eierkneifer, die Ende der fünfziger Jahre unmodern geworden waren. Wenn sie nicht ausgiebig ihre Penisse seiften. Aber klar, was in diesen Hosen verpackt wurde, sehnt sich nach Freiheit und einer kleinen Massage.
In der Schwimmhalle war eine mir unbekannte Atmosphäre. Etwas war anders. Es dauerte, bis ich den Grund erkannte. Es fehlte das übliche Kindergekreische. Besonders kleine

Kinder müssen ja immer schreien und laufen. Da das Rennen im Schwimmbad verboten ist, müssen sie umso lauter kreischen.

Statt der Kinder hörte man Musik vom Band. NDR2artig. Nichts Wildes. Flott eben. Man kann auch langweilig sagen. Dazu gedämpfte Gesprächsfetzen. Es waren hauptsächlich gleichgeschlechtliche Paare unterwegs. Das soll nicht heißen, dass wir in die größte Homosexuellenparty der Stadt geraten waren, aber scheinbar verabredet man sich mit der Freundin oder dem Kumpel nicht nur zum Cidre im Café oder zum Bier in der Kneipe, sondern zieht auch gern ein paar Bahnen und klönt am Beckenrand.

Mich zog es jedoch nach draußen. Das Becken war fast leer, scheinbar schreckte die Kälte am Kopf die meisten Schwimmer ab. Warmduscher! Gemeinsam mit meiner Tochter, die mich mit den Worten „Ich habe aber nur meinen Party-Bikini dabei" vorgewarnt und mir erneute Sorgen bereitet hatte, begannen wir unsere Bahnen.

Man glaubt es ja kaum, aber Schwimmen ist ja noch langweiliger als Joggen. Nichts, an dem sich das Auge ablenken kann. Nur Wasser oder Himmel, der sich immerhin bedrohlich zu einem Gewitter zusammenzog. Immerhin.

Die beiden anderen Mitschwimmer waren die anderen Höhepunkte. Eine ältere Dame mit blondierter Turmfrisur, die so langsam und stocksteif durch das Wasser glitt, dass nur ihre dicken Ohrenklunker gelegentlich nass wurden, wenn ich vorbeischoss. Oder paddelte, denn meine Tochter überrundete mich andauernd. Die Frau trug einen grell roten Lippenstift und ein Make up, was extrem wasserfest schien. Oder eben nicht. Vielleicht hielt sie sich deshalb so gerade. Der andere Schwimmer war ein Krauler, der unverdrossen seine Bahnen zog und dabei mit weit aufgerissenem Mund wie ein Karpfen nach Luft biss. Er war auch sonst sehr verbissen und belegte Eingriffe in seine Schwimmbahn mit einem dunklen Knurren.

Plötzlich wurde es laut. Ein Pärchen sprang ins Wasser, der Kraulkarpfen bellte und besonders der junge Mann kam fröhlich auf meine Tochter zu. Ich wurde als Vater vorgestellt, er – als er abgetaucht war – als jemand, mit dem sie geschlafen hatte. Hurra. Das dürfe das Mädchen aber nicht wissen. Na von mir bestimmt nicht, obwohl ich ihr später noch sehr nahe kam. Im Whirlpool.
Wenn etwas den Namen Menschensuppe verdient hat, ist es das kleine runde Sprudelbad mit dem warmen Wasser. Es sind schwere Zeiten, aber ich habe den Verdacht, dass die Herren im Whirlpool nicht weiter zusammengerückt wären, wenn ich nicht meine knackige Tochter in ihrem Party-Bikini dabeigehabt hätte. Da lag man dann also, fror am Kopf und füsselte unten mit der Hornhaut des Gegenübers. Oben sprach man small über das Wetter, den Sommer oder Lokalpolitik. Als dann auch noch das Paar mit dem Jungen kam, der meine Tochter auf seine Weise intimer kennt als ich, wurde es wirklich eng. Eintopf.
Ich lag Bein an Bein mit dem Mädchen, krampfhaft bemüht, den Versuch, der Hornhaut des Gegenübers auszuweichen nicht als unzüchtige Berührung ausgelegt zu bekommen. Meine Tochter erzählte von einem Erlebnis, dass wir bei unserem letzten Besuch in einem Whirlpool erlebt hatten. Zwei attraktive, aber dennoch stark geschminkte junge Frauen warteten auf den Einlass in den Pool, den man nur alle halbe Stunde betreten durfte. Zwischenzeitlich wurden wohl die Keime oder etwas anderes Appetitliches abgepumpt. Die eine trug ein schwer behindertes Kind auf dem Arm. Kurz bevor der Pool freigegeben wurde, nahm sie den Jungen, lächelte und warf ihn schwungvoll ins Wasser, wo er regungslos mit dem Kopf nach unten liegen blieb.

Uns stockte der Atem. Im Nachhinein macht man sich Vorwürfe wegen der eigenen Untätigkeit, auch wenn natürlich alles gut wurde. Nach einiger Zeit, die uns wie Stunden vorkam, zappelte der Junge und dann stiegen die Mädchen ins Wasser und drehten ihn um. Er guckte fröhlich und wir auch und als unser Herzschlag wieder einsetzte, war wieder alles in Ordnung. Man muss seine Vorurteile pflegen, denn obwohl die beiden jungen Frauen eher wie auf dem Weg zur Zeltdisco aussahen, kümmerten sie sich liebevoll um den Jungen und drückten ihn an ihre knappen Party-Bikinis. Auch das fand er schön.

Wir verließen den Whirlpool mit den letzten Blasen und kamen gerade noch zu den letzten Takten der Wassergymnastik. Georg Friedrich Händel, glaube ich. Im Bahnenschwimmen war ich meiner Tochter haushoch unterlegen; im Wassertreten aber rannte ich ihr davon, dass Pfarrer Kneipp seine Freude gehabt hätte. An der einen Seite des Pools sind Düsen. Immer wenn ein Schild aufleuchtet, muss man eine Düse weitergehen. Wir schlossen uns dem merkwürdigen Kreuzzug gegen den Rückenschmerz an, waren aber enttäuscht über die geringe Kraft der Strahler, ehe uns eine ältere Dame darauf aufmerksam machte, dass wir vor dem normalen Wassereinlass standen. Da verließen wir beschämt das Becken. Unsere Zeit war abgelaufen.

Die Dusche war leer bis auf einen Mann, der uns schon die ganze Zeit aufgefallen war. Seine Locken waren sehr schwarz für sein alter; während die Badehose es bestätigte. Er schritt immer würdevoll durch das Becken und trug mehr seinen Körper zur Schau als die Haut zu Wasser. Ich muss zugeben: er sah merkwürdig bis eklig aus.
Schwarzlocke duschte sehr ausführlich und reinigte sich an Stellen, die ich so gar nicht kannte. Später trafen wir uns im Umkleideraum. Dort fönte er sich an Stellen, die bei mir

immer von selbst trocknen. Seine Genitalien waren eindrucksvoll. Nicht hübsch, sehr rot, aber eindrucksvoll. Er wusste das und sie brauchten intensive Pflege. Dann fönte er seine Locken. Alle. Dabei sah er immer zu mir. Da ich kein schöner Anblick bin, ging es wohl darum zu erkennen, ob ich hinsah.

Ich beeilte mich.

An der frischen Luft atmete ich tief durch. Meine Tochter kam fröhlich pfeifend daher und fragte, wann wir denn mal wieder schwimmen gehen wollen.

Nee, sagte ich, dann laufe ich lieber im Gebrauchswald.

Hören und Sehen

Jedes Jahr zeichnete das Kuratorium Gutes Sehen Prominente mit dem Titel „Brillenträger/in des Jahres aus. Norbert Blüm und Felix Magath waren dies schon und auch Daniel Küblböck, obwohl man sich fragt, warum er dann den Gurkenlaster übersehen hat, mit dem er zusammengestoßen ist. Hella von Sinnen, die erste weibliche Preisträgerin, wollte Frauen mehr Mut zur Brille machen, weil sie „cool" wären. Eine illustre Gesellschaft also, die Creme de la Creme der deutschen Unterhaltung, die für ihre Vorbildfunktion in Punkto Brille ausgezeichnet wurde. Laut den Stiftern des Preises demonstrieren die Ausgezeichneten die eigene Persönlichkeit, wecken Sympathie und zeigen, dass Brilletragen Spaß macht.

Ich persönlich kann mir auch nicht vorstellen, was es Schöneres gibt, als beim Spielen ein Brillengestell in die Nasenwurzel gedrückt zu bekommen und bei Regen, Morgennebel oder Temperaturwechsel wie ein Maulwurf durch die Gegend zu tasten. Oder alle Jahre wieder beim Optiker meines Vertrauens stundenlang auf die Bedienung zu warten und darüber nachzugrübeln, was es außer Augenoptikern noch für andere Optiker gibt und ob eine signifikante Sehschwäche Einstellungskriterium für das Beratungspersonal ist.

Bei meiner Tochter jedoch verfing die Kampagne des Kuratoriums. Obwohl sie bereits sehr viel eigene Persönlichkeit hat und sogar von ihren Gläubigern als sympathisch bezeichnet wird, behauptete sie, dass Brilletragen Spaß machen würde. Zur Not eben mit Fensterglas. Wenn sie sich einmal etwas in den Kopf gesetzt hat, muss es dringend umgesetzt werden. Wegen ihrer finanziellen Situation mit Hilfe ihrer, als konsequent bekannten Eltern.
„Hör mal, du brauchst keine Brille", wehrten wir uns dementsprechend mit aller Vehemenz gegen ihren Wunsch und saßen folgerichtig wenige Tage später einer sympathischen Augenoptikerin mit höchstens 0,02 Dioptrien Fensterglas gegenüber. Unsere Tochter hatte zuvor den

Augenarzt mit viel Charme becirct, ihr eine Sehschwäche zu attestieren. Der Mann ist schließlich auch nur eine Abart des Kiefernchirurgs: Wenn wir auftauchen leuchtet das hypokratische Herz. Sieben potentielle Schwachseher oder fünf Kinder, an denen man teure Kieferkorrekturen vornehmen kann, verhelfen ihm zu dem lang ersehnten Swimmingpool oder einem VW-Touareg.

Dem Besucher stellt sich unser Haushalt dann auch manchmal merkwürdig dar: Im Regal lachen einen die gruselig matt-grauen Abgüsse gesammelter Kieferschiefstellungen an, während wir fröhlich mit unseren zahlreichen Brillenpässen Quartet spielen. Statt der schnellsten Trecker, den größten Ozeandampfer oder den friedliebensten Panzern heißt es bei uns nicht 7000 PS, 250.000 Bruttoregistertonnen oder 9 Kilometer Geschützreichweite, sondern: Rechts 1.00 94° erster Stecher.

Die Sehschwäche war also da, fehlte nur noch die coole Brille. Hier ist einmal eine positive Entwicklung festzustellen. Die Kassengestelle von heute haben nichts mehr mit den Hornbrillen meiner Jugend zu tun, die man zwar mit Leukotape reparieren konnte, die einen andererseits aber auch wie Puck die Stubenfliege oder der Klassenstreber aussehen ließ.

Nach ein paar Tagen war die Brille dann endlich abholbereit. Und fortan nicht mehr gesehen. Schnell nämlich stellte die Tochter fest, dass so eine Brille hinderlich sein kann beim Öffnen des Umluftherdes oder beim Betreten geheizter Räume. Sie beschlägt, zerkratzt, jeder Fingerabdruck behindert die Sicht und außerdem liegt sie immer irgendwo nur nicht da, wo man glaubt. Und der praktische Brillenschuh an der Wand, aus braunem Kunstleder oder Cord ist nun wirklich nicht cool und kein Accessoire des heutigen Jugendzimmers.

„Das haben wir gleich gewusst", bestätigen wir unsere Inkonsequenz, „hättest du mal auf uns gehört." Die Tochter nickt verständnisvoll, sehr sympathisch und uns komplett ignorierend und weist uns auf daraufhin, dass Piercings total „in" wären.

Gibt es eigentlich ein Kuratorium Gutes Hören? Wenn Hörgeräte En vogue werden würden, ja dann hätten wir Eltern es viel leichter, mit unseren Botschaften durchzudringen. Meldet Euch, Ihr Tauben!

Schulbi gung, Jamba

„Wähle Jamba 0815, und du erhältst „Das Lied der Schlümpfe" auf dein Handy." So oder so ähnlich schallt es einem entgegen, wenn man aus Versehen beim Zappen auf MTV hängen bleibt; in der irrigen Annahme, die Werbung für Haargel, Pickelcreme oder Flatrates könne durch ein flottes Musikvideo unterbrochen werden. Um die neusten Klingeltöne zu erleben, schalte ich doch den Fernseher nicht an. Dafür habe ich eine Monatskarte! Was man in einer durchschnittlichen Bahnfahrt an Benachrichtigungsmelodien zu hören bekommt, übertrifft jeden Musiksender um Längen - wenn man die Nebengeräusche herausgefiltert hat: Die langweiligen Telefonate selbst, Husten und Niesen, oder Stationsdurchsagen in Amtsdeutsch und etwas, das wohl Englisch sein soll. Wenigstens bleibt einem die Musik aus MP3-Playern erspart, da sich die Kopfhörer dem allgegenwärtigen Verkleinerungstrend widersetzen und mittlerweile an die so genannten „Micky Mäuse" erinnern, die als Ohrenschutz gegen Lärm an Baustellen oder auf Traktoren eingesetzt werden. Doch ich schweife ab, die Erlebnisse in der S-Bahn sind eine gesonderte Betrachtung wert.

Das Handy. Ich selbst zucke immer noch zusammen, wenn „Fang mich doch, du Eierloch" aus meiner Tasche bimmelt. Ich mache mich ganz klein, halte die Hand verschämt vor das Gerät, so als pule ich etwas aus den Zähnen und flüstere, so dass man mich am anderen Ende der Leitung (sagt man das noch?) fast nicht versteht. Ich zucke, obwohl ich weiß, dass mindestens die Hälfte der Mitreisenden ebenfalls zuckt und denkt, die eigene Freundin oder Mutter ruft an und fragt, wo man gerade sei.

„Ja hallo, die Bahn steht gerade vor dem Bahnhof. Nö, es gibt nichts Neues. – Ja, dauert noch. – Ich rufe an. – Ciao." Die Wortlosigkeit mancher Beziehungen wird durch nichts so verdeutlicht, wie durch die völlig sinnfreien Gespräche, die man in öffentlichen Einrichtungen gezwungen ist, mitzuverfolgen. Aber mit den Gesprächen ist es wohl so, wie mit den Filmen oder Videos im Fernsehen: Letztere dienen dafür, die Werbeblöcke von einander zu trennen, während die Handytelefonate einem die Pausen zwischen zwei Jamba-Klingeltönen verkürzen sollen.

Klar, denken sie vielleicht, meckert der Herr Brood an den Handys herum und hat doch selbst eines. Ja, aber nur für den Notfall, antworte ich, wenn es brennt oder eine S-Bahn entgleist ist.

„Hallo Liebling, ja, mir geht es gut, ich werde gleich aus dem zerborstenen Waggon geflext; kannst du das Abendbrot bitte allein vorbereiten? Bis danni. Tschüssi." Für andere Gespräche nutze ich das Gerät nie. Das wäre ja so, als würde ich zugeben, die BILD zu lesen, um mich über die Tagepolitik zu informieren. Aber der Sportteil, der ist wirklich gut…

Tatsächlich sind es die Kinder, die für die Mehrzahl der Anrufe sorgen; für die das Handy Zeitvertreib und Spielzeug, Fotoapparat und Musicbox ist. Ein moderner Bauklotz, ein Zinnsoldat der Kommunikation. Der singende Kreisel, um den sich alles dreht. Vielleicht auch ein bisschen Statussymbol. Denn wenn das Handy mal gerade nicht auffindbar ist, wenn man viel zu spät aufsteht, um zur ungeliebten Schule zu schleichen, dann wird halt das drahtlose Festnetztelefon eingepackt. Das klingelt zwar nicht wie Madonna singt, sieht aber mittlerweile fast wie ein Handy - und damit trendy – aus.

Zwar können die zu Hause Zurückgebliebenen dann nicht anrufen oder angerufen werden, sondern müssen sich mit der guten alten Telepathie begnügen, andererseits fallen auch die vielen, völlig sinnentleerten Kontrollanrufe der Kinder weg, die Hauptbestandteil der sekundengenauen

Abrechnung des Mobilanbieters unseres Vertrauens sind: „Wo seid ihr gerade?" „Wann kommt ihr zurück?" Oder: „Wann geht ihr wohin, wenn ihr wiedergekommen seid?" Auch die Festnetzrechnung dankt es, denn Flatrate hin oder her: Herr Arcor oder diese Alice leben ganz gut von den mobilen Telefonaten.

Ja, stimmt, unsere Kinder haben ihre eigenen Handys. Auch wir gehen leider manchmal mit der Zeit. In inkonsequenter Sekundentaktung. Aber: Bauklötze kann man sich an den Kopf werfen, Zinnsoldaten sind bäh weil nicht pazifistisch und die Musik aus einem Kreisel ist auch nicht schöner als der neuste Scooter-Hit als Klingelton. Außerdem: Man weiß ja nie, ob so ein Telefon nicht mal das Leben retten kann.

Kürzlich stand eine der Töchter auf dem Weg zurück von der Freundin im dunklen Wald und fürchtet sich vor dem schwarzen Mann. Also rief sie ihre Mutter an. Es war ein wenig so wie bei Flug in Gefahr: Der Kapitän fällt durch Krankheit oder vergammelten Kartoffelsalat aus und die Stewardess landet den Jet, indem sie von einem Piloten im Tower zur Landung gequatscht wird. So ähnlich schaffte unsere Tochter es auch durch den Wald: „Setze dich auf das Rad. Du kannst es. Nein, da steht bestimmt niemand hinter den Bäumen. Jetzt fährst du. Ganz ruhig. Was da raschelt ist nur der Wind. Siehst du schon die Häuser. Gleich hast du es geschafft. Du bist unser Held."

Wie gut, dass es Handys gibt. Den Tag, an dem wir feststellen mussten, dass unsere älteste Tochter doch nicht mit einer Vertragsbindung klar kommt und kurzzeitig die Privat-Insolvenz oder zumindest der Anruf bei Schuldnerberater Peter Zwegat drohte, vergessen wir einfach mal. Rückschläge gehören zum Leben wie zum Tennis. Selbst Boris Becker hat schon eine Verlobung per SMS gelöst.

Leider hat uns sogar die jüngste Tochter, muss ich zerknircht zugeben, um den Finger gewickelt und sich in den Besitz eines eigenen Telefons argumentiert. Die älteren Geschwister hätten schließlich auch eins, sie müsse bei Freunden erreichbar sein und außerdem würde sie dann weder Digitalkamera, noch MP-3-Player benötigen.

Den Gebrüder Albrecht sei Dank sind ja die Tarife inzwischen selbst für das kleine Taschengeld erschwinglich und das System der Aufladekarten hat ja auch einen weiteren Vorteil neben dem schönen und beruhigenden Gefühl, Theo und Karl ein angenehmes Leben zu ermöglichen. Höchstwahrscheinlich mit Herrn Arcor und Frau Alice. Man hat immer, selbst wenn alle Ideen ausgehen, ein passendes Geschenk für Ostern, Nikolaus oder den kleinen Geburtstag zwischendurch. Natürlich wird den vor dem unvermeidbaren Kindergeburtstag anrufenden Müttern auf die Frage, was sich die Kleine denn wünscht, weiterhin politisch korrekt mit Jaxon-Kreide oder einem Buch von Cornelia Funke geantwortet. Eine mobiltelefonische Restpeinlichkeit hat uns dann doch noch nicht verlassen.

Dass aber tatsächlich nicht nur Schlechtes aus dem kleinen mobilen Nervtöter kommt (ich meine das Handy, nicht das Kind!), hat uns unsere Jüngste kürzlich gezeigt. Besser gesagt gesimst. Nach der Lektüre ihrer SMS zu nachtschlafender Zeit jedenfalls haben wir für einen Augenblick alle Vorbehalte gegen die moderne Kommunikationstechnik vergessen. Zumindest bis zum nächsten Klingeln in der vollbesetzten S-Bahn. Sie schrieb:
Schulbi gung ich slafe gleich ich hap mein henbi wie der gefunden.
Ich glaube, den Satz nehme ich auf und verkaufe ihn als Klingelton. Dann können die Brüder Jamba aber einpacken.

Leker Opsalat

„Mama, ich hap dich lipp. Daf ich bei euch schlafn?"
Zunächst drehte ich mich erzürnt um, als mich das
Wurfgeschoss traf. Ein feiger Anschlag? Oder der Versuch,
meiner Denkfähigkeit mit leichten Schlägen auf den
Hinterkopf auf die Sprünge zu helfen?
Die Zimmertür schloss sich wieder.
Doch es war nur Post, die für mich eingetroffen war.
Luftpost, genauer gesagt, 1. Klasse.
Endlich hatte ich mich zur Erklärung meiner Steuern
aufgerafft und kämpfte mit den Tücken der kinderleichten
Software sowie den Anlagen Kind, FW, SO, L, U bis ST
samt der Erkenntnis, niemals so viel zurück erstattet zu
bekommen, wie wir eigentlich benötigen würden.
Ich lauschte.

Kleine Füßchen eines ABC-Schützen entfernten sich. Ich griff nach dem zerknüllten Papier unter meinem Stuhl und entfaltete es.

Eine Sonne, etwas, das aussah wie Blutplasma mit Pickeln und ein Mädchenkopf mit einem Auge und einem Besenstil als Hals. Darüber in krakeliger Schrift die Bitte um Nachtasyl. Praktischerweise mit Ankreuzkästchen versehen: Dick, groß: Ja.

Dünn und klein: Nein.

Kundenorientiert auf das Ergebnis zielfokussiert. Ihr Ergebnis. Unsere Tochter dürfte später entweder das Kleingedruckte für Versicherungsverträge oder Beipackzettel entwerfen oder über Steuererklärungen und Ummeldeanträgen für Biostrom verzweifeln. Je nachdem, auf welche Seite der Macht sie sich schlagen wird.

Es gibt doch nichts Schöneres als die ersten Schreibversuche der Kinder.

„Das musst du mit Mama besprechen", rief ich schließlich den Füßen hinterher.

„Das habe ich", antworteten sie, „ich soll dich fragen."

Na toll, dachte ich, nie kann meine Frau mal etwas selbst entscheiden.

Ein Schlafgast in der Besuchsritze. Das würde Leben im Bett bedeuten: Nur anders als von mir erhofft. Nein, nein, nein. Doch dann kamen die Füßchen zur Tür herein und schauten mich aus großen Augen an.

„Du musst aber ganz ruhig liegen und schnell schlafen", ermahnten wir später am Abend. Wir sind zwar inkonsequent, aber nicht doof. Wenn unsere Tochter nicht ausreichend schläft, wird der nächste Tag unerträglich.

Und dann schlief sie auch schnell ein – schnell aber spät – und ruhig lag sie auch: Wie ein ganz ruhiger Brummkreisel. Ihre Füße schienen überall, im Gesicht, im Unterleib, an den

Knien. Immerhin schlief sie durch. Nur meine Frau und ich nicht.

In den Tiefschlaf fielen wir erst kurz vor dem ersten Hahnenschrei, nur um Sekunden später von der ältesten Tochter geweckt zu werden, deren Biorhythmus mehr dem einer Eule, Fledermaus oder einer anderen nachtaktiven Art gleicht.

„Das ist ein Zeichen", sagte meine Frau leise, um den Gast in der Besuchsritze nicht zu wecken, denn der will immer und überall mit hin, "jetzt gehen wir auf den Markt."

Ich grunzte ablehnend, doch sie stupste mich energisch an. Immer muss sie entscheiden.

Vorsichtig krabbelten wir aus dem Bett. Die Jüngste schlief tief und fest. Ein gemütlicher Marktbummel in trauter Zweisamkeit. Ich begann mich für die Idee zu erwärmen. Dann plötzlich aus dem Nichts, unter einer verwuselten Decke hervor, von lautem Gähnen begleitet: „Wohin wollt ihr? Ich will auch mit."

Na toll.

Nun war auch der zweite Höhepunkt des Wochenendes in Gefahr! Und es ging auch gleich gut los:

Iß vorher noch etwas: Kein Hunger. Geh noch einmal auf die Toilette: Muss nicht. Ziehe bitte eine Jacke an: Ich friere nicht.

Und auf dem Markt? War ihr natürlich kalt. Musste sie ganz dringend auf das Klo. Und Hunger? Dreimal dürfen sie raten.

Doch dann machten meine Frau und ich alles richtig.

Der erste Weg führte uns vorbei an bunten Blumenständen und duftenden Bäckern zum Obst- und Gemüsehändler.

Alles bio, klar. Bio, sagt das Lexikon, bio heißt Leben. Und wenn auf dem Markt etwas lebt, ist es der ältere Verkäufer mit seinem freundlichen Lächeln und dem kugelrunden Bauch unter einer grünen Schürze.

98

Mit fröhlich funkelnden Augen stand er hinter den dynamischen Datteln, organischen Orangen oder den kontrollierten Kartoffeln und lobte und pries, dass es nur so eine Freude war. Und was er nicht mit launigen Worten beschreiben konnte, mussten wir und ganz besonders unsere Tochter, schmecken.

Sein altes Obstmesser, tausendmal geschärft und daher mit einer Klinge wie ein Florett, kreiste wie sie selbst in der Nacht in unserem Bett und ein Fruchtstück nach dem anderen wanderte in ihren Mund. Erdbeeren, Apfel, Melone: „Komm min Deern, hier ein größeres Stück." Hatte sie vorhin nicht ganz dringend mal gemusst? Vergessen.

Da, eine Banane, etwas Birne, ein Stückchen Nektarine und ´ne Hand voll Beeren: Hatte da nicht jemand überhaupt keinen Hunger gehabt? Jetzt rann ihr der Fruchtsaft aus den Mundwinkeln auf ihr T-Shirt, dass es die Hausfrau nur so freute. Ihr Bauch und unser Einkaufskorb füllen sich mit gutem Obst. Und auch die Kassette des Marktverkäufers. Mit Biogeld, sozusagen.

So wurde es doch ein schöner Tag. Wir waren zwar alle müde, aber glücklich. Und unsere Tochter schrieb uns am Abend wieder einen wunderbaren Brief. Diesmal sorgfältig gefaltet und persönlich abgeliefert. Nicht als Luftpost. Mit einem bunten Klecks Wachs als Siegel und dem Abdruck einer Cent-Münze als Petschaft.

Gespannt öffneten meine Frau und ich das Papier.

Wir erblickten eine Art Tisch mit drei Beinen unter einem violetten Sonnensegel. Auf dem Tisch Früchte, die aussahen wie Kreuzungen aus Erdbeeren, Birnen und Ananas. Vielleicht nicht bio. Aber trotzdem schön anzusehen. Davor ein dicker Kreis mit Armen. Und darunter stand mit krakeliger Schrift:

„In meine Bauch schwabt ein leker opsalat."

Sagte ich schon, dass es nichts Schöneres gibt als die ersten Schreibversuche der Kinder?

Danke, Walter

Es ist ja nun nicht so, dass ich zu Politikern generell mit großer Hochachtung aufschaue. Und wir mögen ja alle etwas Bluna sein, doch FDP im Speziellen bin ich bestimmt nicht. Okay, Theodor Heuss soll wohl ein integrer Mann und guter Bundespräsident gewesen sein, doch als er starb, machte ich noch in die Windeln, ich kann mich also kaum an ihn erinnern. Auch nicht an Walter Scheel; der sitzt für mich in nur hoch auf dem gelben Wagen. Genschman hat immerhin die Ausreise der DDR-Bürger aus der Prager Botschaft erreicht, doch dann ging es über Möllemann bergab mit den freien Mehrheitsbeschaffern bis zu Guido Westerwelle.

Aber es gibt einen FDPler, dem meine Frau und ich persönlich zu Dank verpflichtet sind. Es ist Walter Hirche. Vielen vielleicht unbekannt, hat er unserem Familienleben ungewollt ganz neue Dynamik verschafft.

Der Teenager an sich und unser Sohn im Speziellen, nimmt ja nur ungern am Familienleben teil und beschränkt sich auf die gelegentliche Nahrungsaufnahme bevorzugter Speisen, dem Einfordern frisch gewaschener und zusammengelegter Kleidung, sowie der Nutzung möglichst ungestörten Schlafraums. Letzter mit Internetanbindung und gern mit Kühlschrank. Eine sonstige Kontaktaufnahme mit den Eltern ist nicht erwünscht, sondern wird als Störung des normalen Tagesablaufs empfunden. Normal in diesem Sinne bedeutet eine Umkehrung der elterlichen Ansichten und Verhaltensweisen und besteht hauptsächlich aus Schlafen. Durchwachte Nächte, sei es vor dem Bildschirm oder mit Freunden auf Partys und in Kneipen sind anstrengend und machen reizbar. Als ich kürzlich einen sonnigen Sonnabendmittag zum Sägen von Kaminholz nutzte, wurde meine freundliche Bitte um Mitarbeit mit wüsten Beleidigungen abschlägig beschieden. Nicht nur das. Das Geräusch der Säge würde seinen Erholungsschlaf stören, ob ich nicht leiser arbeiten könnte. Sie können sich vorstellen, wie die Unterhaltung weiter ging.

Nicht zufällig sind die meisten Dialoge mit pubertierenden Kindern Monologe der Eltern oder Streitgespräche über die Notwendigkeit häuslicher oder schulischer Mitarbeit. Das Helfen im Haushalt ist zumeist aufgrund medizinischer Indikationen, wie Spülhände, Rückenbeschwerden oder allgemeinen Erschöpfungszuständen, unmöglich. Weniger mit körperlichen, als eher mit psychischen Beschwerden wird das mangelnde Engagement in der Schule erklärt: Die Lehrer verstehen den Sohn nicht, er versteht die Mitschüler nicht, alle sind doof, weder der Lehrer, noch er oder die Mitschüler verstehen den Lehrstoff. Alles eine Verständnisfrage.

Es ist ein schwieriger Lebensabschnitt. Auch für die Eltern.

Doch dann kam Walter Hirche.

Was hat er getan, dass ich ihm so dankbar bin? Oder meine Frau, die Mama-Taxi?

Walter Hirche hat sich in Niedersachsen maßgeblich für den Führerschein mit 17 eingesetzt und mittlerweile gilt das „Begleitete Fahren" in ganz Deutschland.

Schon am Tag der bestandenen Fahrprüfung änderte sich das Sozialverhalten unseres Sohnes schlagartig. Hätte man früher auf die Frage, ob er den Wocheneinkauf in der Supermarktkette unseres Vertrauens durch Rat und Tat begleiten möchte, lediglich mit dem freundlichen zur Verfügung stellen von zwei Kubikmetern Leergut beantwortet bekommen (und die bitte ganz ganz leise aus seinem Zimmer sammeln, er wäre müde), so steht er nun mit dem Autoschlüssel in der Hand hellwach bereit. Die Säcke mit den leeren Selterflaschen sind schon aus dem Keller geholt und im Wagen verstaut. Aus demselben Keller, der für ihn bis gestern noch eine No-go-area war. So wie weite Gebiete Bagdads für amerikanische Wirtschaftsberater oder brandenburgische Kleinstädte für Mitbürger mit Migrationshintergrund.

Später überraschte er uns mit dem Vorschlag, den Keller zu entrümpeln. „Schacht Brood", wie unser privates Zwischen- und Endlager für hochunmoderne Möbel, Kleidungs- und Geschirrteile in Fachkreisen genannt wird, steht immer am Rande der Kapazität; die unsachgemäß eingelagerten Wohlstandsabfälle drohen ständig, in das übrige Haus oder den Keller der Schwiegereltern zu diffundieren. Die mit körperlicher Arbeit verbundene Räumung stellte für denselben Sohn, der noch gestern keine Kraft hatte, seine Jacke an die Garderobe zu hängen, anstatt sie über den Wohnzimmersessel zu werfen, kein Problem dar. Wenn er denn nur zum Recylinghof fahren dürfte.

Es ist herrlich. Wir haben plötzlich ganz andere Verhandlungsmöglichkeiten.

Er möchte Autofahren?

Ja bitte, wenn dafür das Altglas weggebracht wird.

Sofort, wenn er nur kurz das Laub und den Gehölzschnitt zur biologisch korrekten Entsorgung vorbereiten würde, klar.

Natürlich wissen wir, dass es eine Freude auf Zeit ist. Das Autofahren wird seinen Reiz verlieren und vor allem: In ein paar Monaten gibt es den richtigen Führerschein. Von Stunde an wird er das Auto nur noch dazu benutzen, um zu Freunden oder zum Sport zu fahren. Einkaufen? Geht nicht, Schlafmangel.

Sperrmüll entsorgen? Ich bitte Sie, sein Rücken.

Konsequent, wie wir sind, werden wir unseren kleinen Scheuermann schonen und die Arbeit wieder selbst übernehmen.

Aber ein paar schöne Erinnerungen bleiben und die Vorfreude auf die Zeit, wenn seine Schwestern nur in unserer Begleitung fahren dürfen. Bis dahin sammeln wir schon mal Altglas und Kleider. Im Keller.

Danke, Walter Hirche, jetzt bin ich auch FDP:

Ein Führerschein-Danksagungs-Papa.

Inkontinenz über den Wolken

Ach, mögen Sie denken, nun hat er wieder so ein Schmuddelthema zu fassen. Billige Lacher mit Pipi und Aa, bunte Anekdoten, die alle Sinne berauschen wie eine prallvolle Pampers oder gar die bekannten Sexfantasien, die wir alle in der Flugzeugtoilette unseres Charterfluges nach Mallorca schon einmal ausgelebt haben. Falls es einen denn nicht stört, wenn andere Passagiere an die Tür klopfen, weil sie auch ganz dringend mal müssen.

Da oben mag die Freiheit wohl grenzenlos sein, doch auch wer etwas tiefer fliegt, sieht seine Sorgen plötzlich nichtig und klein. Will sagen: Wir haben uns ein Trampolin gekauft.

So ein Trampolin ist etwas Wunderbares. Was haben wir uns die Lippen blutig geredet, um unsere Kinder argumentativ davon zu überzeugen, den Computer oder den Fernseher für ein paar Minuten zu verlassen. Sind ganz tief in die Hocke gegangen, um nicht von oben herab zu indoktrinieren, haben uns vorbildlich auf ihre Ebene begeben, um sie, zum Beispiel zur gemeinsamen Aufnahme von Nahrung mit uns, zu bewegen. Hat es geholfen?

Nein, die angetrockneten Müslireste in den unzähligen Schüsseln in Reichweite der Tastatur sprechen eine deutliche Sprache, wenn man den Dialekt von Schimmelsporen zu übersetzen weiß. Ähnliches gilt für das Fernsehumfeld, nur dass dies wegen der Erfindung Fernbedienung einen größeren Bereich mit angetrockneten Spagetti-Tellern oder Cornflakes-Resten misst.

Was wirklich geholfen hat, war das große, schwarze Sprungtuch im Garten. Türen öffneten sich und plötzlich sprangen und lachten und juchzten jede Menge Kinder auf dem Trampolin. Manche waren uns fremd und das lag auf Nachfrage nicht daran, dass sie in der Zeit vor der Glotze gewachsen waren oder sich einen Bart hatten stehen lassen, sondern an der Verlockung für Fremde, Freunde und Verwandte. Der Rattenfänger von Hameln würde heute mit seiner lächerlichen Flöte nicht mehr weit kommen; hätte er jedoch ein Trampolin im Gepäck, ja dann..

Wir waren sehr erstaunt, wie viele Kinder es in der Nachbarschaft gibt und nachdem sich alle davon überzeugt hatten, dass man beim Springen nicht aus der Müslischale essen kann, lief alles ganz gesittet ab. CE geprüft, die vom TÜV-Reinland vorgegebene Gewichtsobergrenze pulverisierend wie ein gedopter Bulgare den Weltrekord im Gewichtheben. Bis dass das Tuch auf dem Boden kratzt.

Ein weiterer Vorteil des Trampolins wird deutlich, wenn sich unsere Jüngste bei uns verabredet hat. Was gibt es Schöneres für die aufsichtsführende Mutter, wenn zwei Kinder, die sich im Kindergarten schon den ganzen Tag um die Benutzung der mundgebissenen Spielküche aus umweltgerecht geschlagenem Plantagenholz streiten, sich am Nachmittag verabreden und dann überhaupt nichts miteinander anzufangen wissen. Die eine will malen, die andere in der Sandkiste spielen; wenn die dann Ball werfen möchte, will die andere bestimmt unbedingt Seil springen. Oder malen. Die Mutter rauft sich schlechten Gewissens die Haare bei der Hausarbeit, im Hinterkopf das Wissen, dass die Mutter des Besuchskindes stattdessen pädagogisch wertvoll mit allen zusammen ein Brettspiel spielen oder Kuchen backen würde. Die Hausarbeit erledigt da sowieso die Zugehfrau.

Ein Trampolin hilft immer. Ist es groß genug, hüpfen beide, finden viel Platz zum Streiten und ehe man es sich versieht, ist der Nachmittag vorbei. Man kann sich darunter verstecken, Mooskulturen züchten oder sich Sonnen. Man glaubt ja gar nicht, wie heiß der schwarze Bezug im Sommer werden kann. Demnächst werden wir mal Eier darauf braten. Doch nicht nur in der Kindererziehung stellt das Trampolin ein unverzichtbares Hilfsmittel dar. Auch die Gartenarbeit wird, insbesondere bei kleinen Gärten und in Verbindung mit einem dieser Preiswert-Pools aus dem Sortiment des Discounters unseres Vertrauens, massiv erleichtert. Da im durchschnittlichen deutschen Vorstadtgarten mittlerweile neben Carport, Geräteschuppen und dem unvermeidlichen Strandkorb vor der Thuja-Hecke nur noch ein Badehandtuch großes Stück Grün verbleibt, kann der Mäher abgeschafft werden und die Zeit, in der der Hausherr den Rasen gemäht hätte, für sinnvollere Dinge genutzt werden. Die Sportschau im Fernsehen zu gucken zum Beispiel.

Oder die Eltern hüpfen sogar selbst. Die herstellerseitige Gewichtsgrenze ist ja wie geschildert kein Problem. Was für ein Vergnügen, höher und höher zu hüpfen, in die Gärten der Nachbarn zu schauen und die Welt von oben zu betrachten. Das Springen fördert die Fitness und die

Kondition und man möchte gar nicht mehr aufhören. Sofern man die Stunden in der Geburtsvorbereitung, bei der es um den Beckenboden ging, nicht geschwänzt hat. Denn so wie das Hüpfen auf dem Trampolin die Gedanken befreit und den Geist lockert, Sorgen und Nöte klein und Ideen groß werden lässt, werden bestimmte Muskeln des Körpers schlaff. Hier heißt es aufgepasst, damit man bei der Landung aus luftiger Höhe nicht mit lustigem Fleck auf der Hose dasteht. Obwohl das bei den Kindern der Nachbarschaft auch wieder für viel Spaß sorgt.

Lehrgeld

Wenn früher am Auto eine Glühbirne kaputt ging, fuhr ich zur Tankstelle und ließ mir von einem knorrigen Tankwart in Blaumann oder Latzhose eine Ersatzbirne aus einem kleinen Schränkchen mit unterschiedlichsten Typen heraussuchen, die er mir schließlich mit ölverschmierten Händen übergab. Wenn ich Pech hatte, war es der Scheinwerfer vorne links, hinter der Lichtmaschine oder einem anderen mysteriösen Teil im Motorraum. Dann brach ich mir zwar fluchend einen ab, doch wenig später strahlte die Lampe wieder in frischem Glanz.

Heute sieht das ganz anders aus. Es fängt schon beim Motorraum an. Es ist nur ein grauer Block. Einzelne Teile sind nicht mehr zu erkennen, was immerhin den Vorteil hat, bei einer Panne eigentlich nicht hineingucken zu müssen. Ich mache es dann zwar doch, aber auch nur, weil es so fachkundig aussieht.

Den klassischen Tankwart, zu erkennen an einer schmierigen engen Schirmmütze eines Mineralölherstellers, gibt es auch kaum noch. Meistens wird man von einer jungen Frau mit Fingernägeln aus dem Nagelstudio oder einer studentischen Hilfskraft im dreizehnten Semester bedient, die sich zwar ausgezeichnet mit Red Bull, Bacardi oder Laugenbrezeln auskennt, zu den Glühbirnen jedoch nur insofern sachdienliche Hinweise machen kann, als dass „dahinten", gleich neben den Dosensuppen zu zweineunundachtzig, vielleicht noch ein paar hängen könnten. Oder nicht.

Ist aber eigentlich auch egal, denn der Hersteller meines Autos sorgt sich nicht nur um das Wohlergehen seiner Anteilseigner, sondern hat auch die Beschäftigten im Reparaturgewerbe im Fokus (oder wie man das heute so sagt). Da sage noch einer, die Großindustrie würde ihre soziale Verantwortung nicht erfüllen. KFZ-Mechaniker

107

wollen auch leben, also konstruierte man den Wagen so, dass nach Ablauf der Garantie schlagartig alle möglichen Teile den Geist aufgaben oder aus ihren Plastikhalterungen brachen. Als alter Verschwörungstheoretiker vermute ich zeitschaltuhrgesteuerte Sollbruchstellen, die bestimmt in der amerikanischen Raumfahrt erfunden worden sind. Und was den Werkstätten auch hilft, sind Lampen, die sich nicht mehr Wechseln lassen, ohne den Motor auszubauen. Oder zumindest diesen Eindruck erwecken.

Kürzlich gab mein Bremslicht hinten links den Geist auf. Meinen ersten Impuls, das Lampenglas zu entfernen, verwarf ich. Wer weiß schon, ob beim Lösen irgendwelcher Schrauben nicht die ganze Heckpartie des Autos abfällt? Ich öffnete stattdessen eine der wenigen Blenden im Kofferraum, die sich noch in den Halterungen befanden und stand ratlos vor einem Wirrwarr an Steckern, Kabeln und Dingen, die ich nicht einmal zu benennen vermochte. Immerhin konnte ich die Stecker, die ich voller Hoffnung, mühsam und unter dem Verlust zweier Fingernägel geöffnet hatte (nur um dahinter einen verschlossenen Eingang zum Glühbirnenreich zu finden), ohne fremde Hilfe wieder einklicken. Nach dem Scheitern meines urmännliches Credos „erst selbst versuchen, dann fragen" suchte ich im Internet nach Hinweisen. Normalerweis findet man dort Ratschläge zu allen Lebensfragen vom Öffnen einer Thunfischdose bis zum Fällen von dahurischen Lärchen. Doch außer einigen Forumseinträgen von Bully04, der etwas von einem schwierigen Zugriff hinter einem Wassertank schrieb, fand ich nichts. Nicht mal in YouTube und da darf ja nun wirklich fast jeder. Also griff ich nun zum umfangreichen Bordbuch. Es hat die Ausmaße einer Bibel in Großdruck und lässt im Handschuhfach kaum Platz für Kugelschreiber und Autofahrerdrops in der Dose. Dafür beschäftigt sich die Dokumentation im Alten Testament mit allen Werkstätten in allen Ländern dieser Welt, gibt mir wertvolle Tipps zu Prüfungsintervallen und beschreibt die Handhabung von elektronischen Fensterhebern, Glashubdächern oder der Klimaanlage. Wir haben nichts davon, nur einen dicken Arm vom Fensterkurbeln. Im Neuen Testament beschreibt die Firma aus Wolfsburg die Bedienung von Lenkrad, Zündschloss und Fahrtrichtungsanzeigern und erklärt die Vorgehensweise bei Defekten. Nur zum Wechseln einer Birne hat es nicht gereicht. Lediglich der Hinweis, es würde sich um eine nur durch Fachwerkstätten zu leistende Reparatur handeln. Finger weg, lautete eines der zehn Gebote.

Wer widerspricht der Bibel?

Ich suchte den Händler auf, bei dem wir den Wagen vor etlichen Jahren gekauft hatten.

Der Werkstattleiter schien hocherfreut über meinen Besuch. Er nahm sich Zeit, die er entweder auf Grund der Weltwirtschaftskrise oder einer kürzlich erfolgten Schulung hatte. Nachsichtig schmunzelnd reagierte er auf meine Einleitung, nach der ich wohl zu blöd bin, die Birne zu Wechsel und meine Frage nach einem Tipp, was zu tun sei. Ich bin ein rücksichtsvoller Kunde, möchte nicht zur Last fallen. Für den Herrn war ich jedoch ein König. Es wäre kein Problem, das hätten sie ruckzuck erledigt. Es ginge gleich los. Der zaghafte Einwurf, ich müsse meine Tochter gleich abholen, wurde beruhigend weggewischt. Das ginge ganz schnell. Und ich selbst könne da gar nichts machen, bestätigte er das geschriebene Wort aus dem Bordbuch, da müsse ein ausgebildeter Fachmann für mechatronische Systeme in Kraftfahrzeugen eingeschaltet werden, zudem benötige man umfangreiches Spezialwerkzeug. Schon tippt er umfangreich in seinen PC und wies mich darauf hin, dass mein TÜV seit Jahren abgelaufen wäre. Ich wies vorsichtig zurück, dass wir eigentlich zu einer anderen Werkstatt gehen würden. Ein kritischer Moment. Würde ich weiterhin zuvorkommend behandelt werden? Es gibt Berufsgruppen, mit denen man es sich nicht verscherzen darf: Schornsteinfeger z.B. oder Finanzbeamte. Und Werkstattleiter. Doch er lächelte nur und druckte einen Reparaturauftrag aus. Dreifach. Ich unterschrieb und schon gingen wir zum Wagen. Meine Tochter sah bestimmt schon zur Uhr.

Stirnrunzelnd besah sich der Werkstattleiter allerlei Schwachstellen meines Wagens, kontrollierte meine Aussage hinsichtlich bestehender TÜV-Plaketten, entdeckte gesprungene Lampengläser, Dellen im Blech, eine defekte Nummernschildbeleuchtung, um schließlich auch zur Bremsleuchte zu kommen. Auch hier hatte er meiner Aussage wohl nicht so ganz vertraut; erst nach einem Test bestätigte er, dass die Lampe defekt sei. Dann nahm er das Klemmbrett mit dem Reparaturauftrag, winkte fröhlich und versprach, jemanden mit dem notwendigen Spezialwerkzeug und der entsprechenden Ausbildung vorbei zu schicken. Diverse Mechaniker saßen derweil unter aufgebockten Kastenwagen und sahen mir beim Warten zu, während ich ihnen, beim Warten auf was auch immer, zusah. Nun würde auch langsam die Mutter nervös werden, bei deren Tochter ich meine Tochter abholen sollte. Aber es gab kein zurück mehr. Diese Chance konnte ich nicht ausschlagen.

Als die ersten Anzeichen eines Sonnenbrandes sichtbar wurden, öffnete sich eine Tür und es erschien der angekündigte Mechatroniker. Neben seiner dualen zweiundvierzigmonatigen Ausbildung hatte er auch sein angekündigtes Spezialwerkzeug in der Latzhose. Unter kaum zu ertragender Spannung griff er langsam in seine Tasche und nahm einen Kreuzschlitzschraubenzieher, denn um nichts weniger Geheimnisvolles handelte es sich, heraus, löste ganz einfach zwei Schrauben, entfernte das Lampenglas, klickte einen Plastikträger auf, Birne raus, neue

Birne rein, klick klick, zugeschraubt, fertig. Ehrfürchtig staunend erlebte ich, was wirkliches Fachwissen bedeutete.

Dann nahm er mich mit zur Kasse, wo ich einem längeren Disput zwischen der Kassiererin und einem Autoverkäufer lauschte, ihre minutenlange Suche nach meinem Werkstattauftrag verfolgte und mich ärgerte, nicht die Telefonnummer der Familie bei mir zu haben, bei der meine Tochter gerade weilte. Es ging bereits auf das Abendbrot zu.

Und dann endlich durfte ich mein Lehrgeld dafür zahlen, nicht meiner Intuition gefolgt zu sein. Erst die Rechnung erklärte die umfangreiche Abwicklung mittels Reparaturauftrag. Bei drei Durchschlägen soll es sich auch lohnen. Die anteilige Arbeitsstunde eines Mechatronikers übertraf den Betrag für die Birne um ein Vielfaches. Nächstes Mal versuche ich es doch wieder selbst und fahre zur Tankstelle und suche dort eben selbst zwischen Chips, Zigaretten und Bier nach den Ersatzglühbirnen. Und zur Not soll es da neuerdings auch wieder jemanden geben, der einem die Scheiben wischt, tankt und sogar Birnen wechseln könnte. Wie es sich gehört, mit schmuddeligem Blaumann und öligen Fingern.

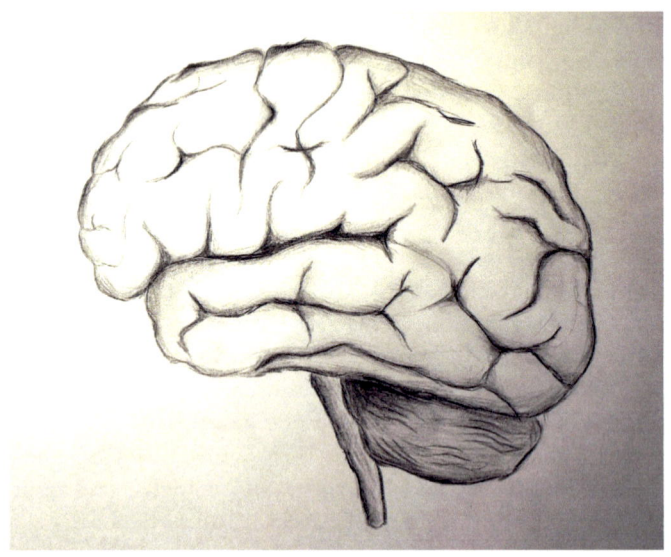

Hirnen für Darmstadt

Da hat man also gehirnt, wie mein ehemaliger Chef so gern sagte, getippt, gelöscht, umformuliert, verworfen, wieder geschrieben, gekürzt oder sogar verlängert, nur um die perfiden Ausschreibungsvoraussetzungen des Darmstädter Zentrums junger Literatur oder der Interessenvertretung schwäbischer Landfrauen zu erfüllen. Um dann zufällig in der Bibel aller erfolgssuchender Hobbyschriftsteller „uschtrin.de" zu lesen, dass der Literaturwettbewerb zu einem reinen Lyrikwettbewerb mutiert ist und man folglich Gedichte oder ein Senryū einreichen müsste.

Reimen hatte für mich immer den bitteren Beigeschmack eines Pilsners zur Hochzeitszeitung: Gern mal peinlich. Und besser als „Wein auf Bier, das rat' ich dir" geht sowieso nicht: Weder zum Thema Bier, noch als Gedicht an sich.

Klar, es gibt auch Gedichte ohne Reim,
doch die sind für mich wie alkoholfreier Wein!

Also ab in den Müll, den Text. Ist ja in EDV-Zeiten nicht mal mehr Ressourcenverschwendung. Im Gegenteil, wie mich der Chef meines Chefs einmal belehrte: „Herr Brood, bitte sparen sie Buchstaben. Denken sie daran, dass diese Buchstaben ausgedruckt werden könnten. Und wer zahlt die Tinte und das Papier? Sie?"

Also: Entfernen. Ja. Sicher? Ja doch, ja. Und weg. (Der Chef inzwischen übrigens auch!)

Aber ich hatte doch gehirnt und getippt und korrigiert und den Text verzweifelt auf die geforderten 1500 Zeichen gekürzt. Ein bisschen schade war es ja doch.

Wenn die Darmstädter nur Gedichte wollen, sollen sie doch, sagte ich mir endlich: „Hirni, ich mache doch gerade ein Buch. Veröffentliche ich meine Wettbewerbsbeiträge doch einfach darin."

Und mal ganz ehrlich: Da ich nicht immer gewinnen kann, würden die meisten ungelesen in der Versenkung verschwinden. Wie die Werk des nicht zufällig weithin unbekannten Schriftstellers Bernd Rohr-Achenbach, der keine seiner angeblich äußerst spannenden Geschichten veröffentlicht oder aufgeschrieben hat und sich standhaft weigerte, sie zu erzählen.

Auf den folgenden Seiten habe ich also einmal einige Texte mit ins Buch genommen, die sonst nur von einem müden Darmstädter oder einer müden schwäbischen Landfrau ohne Kunstverstand zur Seite gelegt worden sind.

Da sind Sie hoffentlich ganz anders.

Bitte beurteilen Sie selbst, ob ich die Prämien wie z.B. ein Wellness-Wochenende in Bad Gandersheim, 5 Kilogramm Bücher oder 1000 Euro in bar verdient gehabt hätte.

Über Rückmeldungen freue ich mich.

Gern als Stab- oder binnenstrophiger Kehrreim. Oder als Senryū, falls ihnen nur drei Zeilen mit siebzehn Silben einfallen.

Betrogen

Der letzte Gast betrat die Kneipe mit der gebeugten Haltung eines Mannes, der sich vom Leben betrogen fühlte. Er warf seinen Mantel über den geschmiedeten Kleiderhaken, nickte dem Mann mit dem verwaschenen Elbsegler auf dem kahlen Kopf wie üblich zu und setzte sich leise ächzend auf den Barhocker. Das rote Kunstleder knirschte. Ein anstrengender Tag neigte sich dem Ende zu. Er wusste, was er nun brauchte.

Der Schanktisch war penibel sauber und hell. Die Gläser standen ordentlich aufgereiht, wie es sich gehörte, mit der Öffnung nach unten, auf der Abtropffläche. Er mochte diese Ordnung. Die Gläser waren perfekt gespült. Er sah es am geschlossenen Wasserfilm, der sich gleichmäßig über die schimmernde Oberfläche zog und nicht in Tropfen ablief. Kein Fett. Für eine feste und sahnige Krone. Fett war ein Schaumkiller.

Eine helle Schwingtür zur Küche öffnete sich mit leisem Quietschen. Eine rot-blonde Frau in den Dreißigern, in Jeans und knappem, aber nicht aufreizendem und ihn deshalb reizendem T-Shirt lächelte ihn an. Ihre Frage formulierte sie im Kopf und der Mann antwortete: Ein Pils. Bitte.

Er fragte sich, wo der gewohnte, alte Barmann heute war. Er hatte noch nie jemanden anderen als den Kerl mit der schmierigen Schürze unter dem kleinen Schmerbauch hier gesehen, doch es störte ihn nicht, dachte er, während die Frau mit einer eleganten Bewegung an den glänzenden Zapfhahn herantrat. Die Uhr über der Flaschengalerie tickte laut und vernehmlich.

Sie nickte ihm unmerklich zu und ergriff mit ihren schlanken Fingern eine der frischen Bier-Tulpen. Ihre Fingernägel waren kurz und gepflegt. So ganz anders als bei seiner Ex, die ihn mit ihren Krallen des Öfteren gekratzt hatte. Doch das war ja nun vorbei.

Der Mann langte kurz in die Schale mit den Erdnüssen, sah dann aber sofort wieder zur Frau hinter dem Tresen. Ihr T-Shirt war grün meliert. Die Hochsteckfrisur betonte den schlanken Hals. Im grellen Licht eines Deckenstrahlers sah er kleine helle Härchen. Mit den rötlich schimmernden Haaren erinnerte sie ihn an ein Foto in einem Bildband über holländische Gärten. Er beschloss, sie für sich Tulpe zu nennen. Womöglich war sie sogar Holländerin, denn neben der Anlage lag ein Skimmer, mit dem man dort den Schaum abstreift.

Die Frau spülte jetzt das Glas mit kaltem Wasser aus. Gut, denn wenn das Glas warm ist, schmeckt Bier schneller schal. Sie lächelte ihm zu, was ihn kurz verwirrte und fahrig zu den Nüssen greifen ließ, während sie das Glas leicht schräg ansetzte, fast anmutig, damit die goldgelbe Flüssigkeit langsam einlief und die Kohlensäure nicht zu schnell entwich. Nein, sie machte es nicht holländisch, brachte das Glas nicht zum Überlaufen.

Das Zapfen ist eine Kunst, dachte der Mann und Künstlern sieht man gern bei der Arbeit zu. Er stütze den linken Ellenbogen auf den Tresen und legte sein Kinn auf die Hand. Tulpe stellte das Glas mit einem leisen Klacken ab und ordnete etwas in einer Schublade, ehe sie erneut zum Zapfhahn griff. Sie machte es gut und langsam und vermied es, den Hahn in das Bier zu tauchen, weil damit Luft hinein gedrückt und die Kohlensäure verdrängt werden würde. Dann hielt sie erneut inne.

Der Mann stöhnte unhörbar auf. Er konnte es kaum mehr abwarten, doch sie ließ sich Zeit, ehe sie den Hahn ein zweites und ein drittes Mal mit ihren wohlgeformten Fingern öffnete, wieder schloss. Um sich abzulenken, dachte er an Kohlensäuregehalte und Sättigungsdrucke. Wie war das noch? Bei einem Kohlensäurehalt von 5 Gramm je Liter und 5 Grad kaltem Bier benötigte man 0,88 bar? Aber bezog sich das nur auf Kompensatorhähne? Galt da nicht die Regel, den Druck zu erhöhen? War das hier so eine Anlage? Und was war mit Förderhöhe und Durchmesser der Druckleitung?

Es wirkte. Er konnte sein Verlangen beherrschen. Dann endlich schien die Künstlerin ihr Werk vollenden zu wollen. Seine Tulpe setzte das Glas fast schon zärtlich ein letztes Mal an den Hahn, um den Ganzen die Krone aufzusetzen. Jetzt waren beide bereit. Er rückte näher. Sie nahm mit der Linken nahm einen Bierdeckel, mit der Rechten stellte sie das Glas ab, verharrte einen quälenden Moment, drehte das Emblem auf dem Glas in seine Richtung, lächelte mit strahlend weißen Zähnen und zwinkerte ihm zu. Sie hört mein Herz klopfen, dachte er, bestimmt. Über ihren Ringfinger perlte ein Wassertropfen. Er fuhr sich mit der Zunge über die Lippen.

Als er zum Schluck ansetzte, die gierige Zunge den sämigen Schaum durchstieß, passierten drei Dinge. Sein Blick fiel auf die Uhr. Ein Mann trat zu Tulpe und legte eine Hand an ihre Hüfte. Der Stammgast mit der Mütze nieste.

Die Erkältung des Elbseglers war dem Gast egal. Schon mehr störte ihn der Blick der Frau. Sie sah dem jungen Mann neben ihr tief in die Augen und lächelte plötzlich ganz anders, inniger, tiefer. Im Mund des Gastes entfaltete sich das Aroma des Bieres. Schal.

Die Uhr.

Es hatte sieben Minuten gedauert. Sieben Minuten. Die benötigte man vielleicht für ein Ei, aber ein gutes Bier sollte heute in zwei, drei Minuten gezapft sein. Auf seiner Zunge breitete sich ein müdes, schlaffes Gefühl aus. Seine Tulpe hatte ihn getäuscht, um das letzte Prickeln und den letzten Genuss geprellt und wieder fühlte er sich betrogen.

Englischer Kalvill

Hauptkommissar Bongert wiederholte seine Frage nach der Streuobstwiese.

Eine aufgeregte Frau hatte behauptet, dass eine Leiche auf eben so einer läge. Nur durch geduldiges Zureden hatte die Zentrale die Adresse herausbekommen, einen Hof, einsam hinter dem Elbdeich. Altes Land. Obstbäume, so weit das Auge reichte, Kanäle, wunderschöne Fachwerkhäuser mit wunderlichen Sinnsprüchen. Obstverkauf an der Straße. Das Geld legte man in einen Kasten. Man hatte noch Vertrauen, obwohl sich die Großstadt immer näher durch die alte Kulturlandschaft fraß wie Bagger im Tagebau.

„Du kaufst Apfelsaft wohl nur bei Aldi", sagte Kollegin Lea Reh und nickte nach vorn, „wir sind da."

Während sie neben der Spurensicherung und einem Polizeiwagen mit blinkendem Blaulicht parkte, erklärte sie, dass Streuobstwiesen eine besondere Art des Obstanbaus waren. Keine Monokultur, keine Plantagen, alte Sorten, keine Chemie und oft würden Schafe auf ihnen grasen. „Es gibt leider immer weniger; die Erträge sind niedrig", schloss ihre Erklärung.

„Und der Saft ist bestimmt teuer und schmeckt auch nicht besser", erwiderte Bongert, wofür er ein „Ignorant" erntete. Und ein Grinsen, als er beim Aussteigen in einem Haufen Schafskötel ausglitschte: „Geschieht dir recht."

Von weitem sah es aus, als ob sich der Tote unter einem herrlichen Apfelbaum zu einem Nickerchen gelegt hätte. Die Frage nach dem Tatwerkzeug erübrigte sich. Ein dicker, blutverschmierter Ast, ein Knüppel, lag neben dem Opfer und wurde gerade fotografiert.

„Runter gefallen?"

„Nein, zugeschlagen."

„Der Baum ist traurig", stellte Bongert überrascht fest. Unter einer alten, ovalen Wunde, wo vielleicht ein Ast abgesägt worden war, hatte sich Harz gesammelt. Es wirkte wie ein tränendes Auge.

„Er trauert um den Bauern", sagte Bongert zu Lea Reh, „und weiß, wer ihn getötet hat."

„Nur, dass er es uns nicht sagen kann."

Statt einer Erwiderung wiegte Bongert seinen Kopf bedächtig hin und her und streckte in einer zweifelnden Geste die Unterlippe vor.

Während Lea Reh sich mit Kollegen austauschte, suchte Bongert die Frau, die das Pech gehabt hatte, sich diesen heißen Spätsommertag mit dem Auffinden einer übel zugerichteten Leiche für immer ins Gedächtnis zu brennen. Er fand sie vor dem Küchenfenster sitzend, den Kopf auf die Hände gestützt. Ein friedlicher und gemütlicher Platz, ging es ihm durch den Kopf. Nur nicht heute.

Lea Reh und Bongert trafen sich später im kühlen Stall. Er setzte sich auf einen Heuballen. Es roch nach Kindheit, nach unbeschwerten Tagen auf dem Land. Seine Kollegin lehnte sich gegen einen rostigen Traktor und berichtete, dass der Tote Jens Jensen hieß, 66 Jahre alt war und er den Hof mit seiner Tochter bewirtschaftete. Seine Frau lebte nicht mehr.

Mit 66 Jahren, da fängt das Leben an, mit 66 Jahren, da hat man Spaß daran, dachte Bongert, sagte es aber nicht. Keine Zeit für Späße.

„Der Todeszeitpunkt wird vom Doc auf heute, zwischen 4 und 7 geschätzt, nä.."

„häres wie immer nach der Obduktion", vervollständigte Bongert.

„Wo war die Tochter? Wieso wurde er so spät gefunden?"

„Die war mit dem Knecht unterwegs, einen neuen Traktor ansehen."

„Wie ist sie so?"

Lea Reh überlegte kurz: „Kalter Fisch. Heißt Jette Branch. War mit einem Australier verheiratet. Jetzt läuft vielleicht was mit dem Knecht."

Ein Motiv? fragte sich Bongert. Ihr Nachname löste etwas in seinem Kopf aus, doch er konnte es nicht greifen. Um sich nicht zu quälen, schob er es für später in eine ungenutzte Ecke seines Hirns.

„Und was hatte deine Zeugin zu sagen?" fragte Lea Reh.

Das hatte sich Bongert auch gefragt.

„Sie war merkwürdig. Sendungsbewusstsein ohne Ende. Eine Lehrerin, klar, nebenbei im Naturschutz aktiv."

„Schön, dass du keine Vorurteile hast."

„Mit Doppelnamen! Bestimmt eine Grüne."

„Gegen die du auch was hast?"

Bongert schüttelte den Kopf. „Nö, ich mähe doch selbst meinen Garten, bin auch ein Grüner."

Lea Reh lachte, dachte an seinen Garten. Ein handtuchgroßes Stück Hundewiese unter der verkommenen Loggia seines Plattenbaus.

„Was wollte sie hier? Hat sie etwas gesehen?"

„Sie hatte nur Augen für den Gelben Hohlzahn, den Großen Fuchs und den Halsbandschnäpper."

„Das letzte ist ein Vogel, oder?"

„Ja, und die anderen ein Falter und so ein Kraut", erklärte Bongert.

Er verzog das Gesicht zu einer eingebildeten Grimasse und ergänzte mit hoher Stimme: „Dass der arme Mann unter diesem herrlichen Englischen Kalvill enden musste." Nach einer Pause: „Streuobstanbau hatte in den vergangenen Jahrhunderten eine große kulturelle, soziale, und ökologische Bedeutung. Durch die Intensivierung der Landwirtschaft und des Siedlungswesens wurden Streuobstwiesen aber stark dezimiert. Heute gehören sie zu den am stärksten gefährdeten Biotopen", imitierte er die Zeugin. „Die Frau wollte mit Jensen die Besuche von Naturschützern und

Schulklassen klären. Und für den Erhalt kämpfen. Es gab Ideen, auf konventionelle Plantagen umzustellen."

Lea Reh nickte bedächtig. „So klang es auch bei der Tochter durch. Vielleicht ist deine Lehrerin angesichts neuer Naturzerstörung ausgerastet", mutmaßte Lea Reh, „wenn sie doch so eine engagierte Kämpferin ist."

„Mit „Jesus lebt" am Auto?"

„Ich hatte mal einen Wagen mit „Böhse Onkelz" am Heckfenster. - Guck nicht entsetzt. Vom Vorbesitzer und ich habe es natürlich gleich abgemacht."

Bongert stand unter dem Apfelbaum, als die Spurensicherung und Lea Reh, die einen Termin hatte, den Hof verließen. Er winkte dem Konvoi hinterher, als ihn ein Stock am Kopf traf. Erstaunt sah er auf. Das weinende Auge schien ihn zuzuzwinkern. Bongert hob den Ast auf, betrachtete ihn. Wo kam der denn her? Es war windstill. Ein Vogel zwitscherte traurig und er fragte sich, ob da ein Halsbandschnäpper den Tod des Bauern beklagte. Dann schlenderte er zum Bauernhaus zurück. „Was ich pflanze, werde ich ernten", las er auf einem weißen Balken. Die Fenster waren in dunklem Grün frisch gestrichen und das Dach schien neu gedeckt.

„Ist sicher nicht ganz billig", sagte er etwas später zur Tochter des Toten. Jette Branch war eine attraktive Frau und sich dessen bewusst. Bongert hätte sie nie für eine Bäuerin gehalten. Als ob sie Gedanken lesen konnte, meinte sie leicht kokett:" Wenn man vom Obst lebt, ist man Techniker, Controller, Kaufmann. Immer weniger Bauer."

„Eine Plantage bringt da bestimmt mehr als die Streuobstwiesen?"

Jette Branchs Augen verengten sich für einen Augenblick zu Schlitzen. Wie eine Katze.

Bongert war die Maus.

Sie standen in einem kleinen Raum. Ihre Trauer hielt sich in Grenzen; kein Zusammenbruch oder Weinkrampf, kein „lassen sich mich allein". Dunkle Bauernmöbel schluckten das Licht. Jette Branch schien ihm immer näher zu kommen. Ihre Katzenaugen leuchteten unter einem blonden Pony, das Gesicht ebenmäßig, fast zu schier. Wäre sie größer, hätte sie ein Model sein können. Bongert fragte sich, ob sie mit ihm flirtete. Kalter Fisch, erinnerte er Lea Rehs Worte. Jette Branch war nur noch Zentimeter entfernt. Sie roch süßlich. In ihrer Iris gab es Furchen. Ein Zeichen für Impulsivität, meinte Bongert mal beim Arzt in einer Frauenzeitschrift gelesen zu haben. Sie war jetzt so nah, dass er in ihrem Haar eine klebrige Stelle erkennen konnte. Er musste sich zurückhalten, um sie nicht vorsichtig zu säubern. Wie vor der Steilkante, den Drang zu springen unterdrückend.

Dann schrillte Bongerts Handy.

Die Katze zog sich zurück und er trat vom Abgrund weg.

„Genießen sie die Wiese, solange es sie noch gibt", hatte sie auf seine Frage, ob er dort noch einen Moment verweilen dürfe, geschnurrt. Die Sonne stand nun tiefer, Schatten wurden länger, die Luft angenehmer. Zeit für Inspiration. Nahe dem Ort, von der Jens Jensen seine Streuobstwiese hatte zum letzten Mal sehen dürfen, legte er sich auf den krautigen Boden. Ein schöner Platz zum Sterben, dachte er ohne Zynismus. Gähnte. Ließ den langen Tag Revue passieren, sortierte erste Verdächtige: Lehrerin, Tochter, Knecht. Militante Aldisaftgegner. Langsam dämmerte er ein. Seine Gedanken wirrten davon. Jette Branch auf einem riesigen Traktor, gewaltige Baumwurzeln aus dem Boden ziehend. Die Doppelnamen-Lehrerin an einen Stumpf gekettet, Parolen schreiend.

Da traf ihn etwas an der Stirn, weckte ihn aus dem Sekundenschlaf. Als er die Stelle befühlte, spürte er süßlich duftende, klebrige Feuchtigkeit im Haar. Ein Apfel kullerte neben den Stock, der ihm vorhin auf den Kopf gefallen war. Verdutzt schaute er auf. Die Äpfel, Wintersorte laut der Lehrerin, waren doch noch gar nicht reif.

Plötzlich wusste er, was es mit dem Namen Branch auf sich hatte. Sein Englischkurs, Thema Natur. Branch hieß auf Deutsch Ast. Sein Blick fiel auf den Apfel und den Ast daneben, wischte über die Stelle, wo der todbringende Knüppel gelegen hatte und wanderte zum weinenden Auge des Apfelbaums.

Er hatte von Anfang an richtig gelegen. Der Baum hatte alles gesehen und wollte ihm etwas sagen. Als Englischer Kalvill sogar in seiner Muttersprache.

Bongert wusste jetzt, was zu tun war.

Die Maus müsste die Katze überlisten, ohne von ihr gefressen zu werden.

Seilschaft

Unmerklich hatten sie die landwirtschaftlich genutzte Gegend verlassen. Das letzte Zeichen der Zivilisation, eine urige, hinter riesigen Rhododendren-Büschen versteckte Jugendherberge, verschwand langsam im Dunst. Auch die knorrigen Bäume mit ihren Misteln und die vom Wind gebeugten Hecken lagen hinter ihnen. Der Wagen ratterte über ein Gitter, das die Schafe am Verlassen ihrer Weidegründe hindern sollte. Rechts tauchte ein lang gezogener See auf, der sich im Sprühregen verlor.

Ihr Ziel war irgendwo da, wo das graue Wasser mit den Wolken und den kaum zu erahnenden Berghängen verschmolz.

Ich komme nächstes Wochenende und dann gehen wir auf den Berg, hatte er seinem Sohn gemailt und das war kein Vorschlag oder eine Idee gewesen, sondern eine Feststellung. Bis auf den höchsten Berg Englands hatte er alle höchsten Erhebungen der Britischen Inseln bestiegen. Den Snowdon in Wales, den Ben Nevis in Schottland, als Jugendlicher den Carrauntoohill im Südwesten von Irland und sogar den Slieve Donard in Nordirland hatte er vor Jahren besucht. Nur der Scafell Pike in England fehlte in der Sammlung noch.

Sein Sohn hatte halbherzig protestiert. Er hätte sich mit Freunden verabredet, um zu einen Rugby-Spiel zu fahren. Halbherzig, weil er seinen Vater kannte. Was der sich in den Kopf gesetzt hatte, wurde umgesetzt. Mit allen Mitteln. Das war schon immer so. Klappte es mit Druck nicht, wurde es auf die weinerliche Tour versucht. Der Junge hasste das.

Da bin ich schon mal in England und du hast keine Zeit mal irgendwas mit deinem Papa zu unternehmen, stand dann auch im Antwortmail seines Vaters.

Zerknirscht hatte der Sohn daraufhin seine Kumpels angerufen und die Tour zum Rugby abgesagt. Dabei hatten sie diesen Termin schon ganz am Anfang der gemeinsamen

Schulzeit verabredet. Nun war schon fast die Hälfte seines einjährigen Sprachaufenthaltes in Liverpool vergangen. 6 Nations-Cup! Wie eine Europameisterschaft im Fußball. Da leuchteten die Augen eines jeden Rugby-Fans. Er hatte sich sehr darauf gefreut. Nicht, dass die Fahrten früher mit seinem Vater nicht auch schön gewesen waren. Aber 6 Nations?

Zum Rugby kannst du jedes Jahr, aber wer weiß, wie lange wir noch gemeinsam auf Berge gehen können, hatte sein Vaters geschrieben. Der Junge hatte resigniert genickt, auf den Antworten-Button geklickt und den Termin bestätigt. So war er wenigstens um die Leier gekommen, dass er wegen seiner Faulheit in der Schule kein Stipendium bekommen hatte und ein Großteil des Auslandsaufenthalts von seinen Eltern hatte bezahlt werden müssen.

Und nun saßen sie in ihrem Mietwagen und schwiegen. Auch wenn Vater die wiederholte Bitte seines Sohnes abgelehnt hatte, mit dem Wagen fahren zu dürfen (versicherungstechnische Gründe, hahaha), war es keine unangenehme Ruhe, keine bewusste Stille. Nur die Abwesenheit von Worten. Seine erste Enttäuschung über das verpasste Rugby-Ereignis war resignierter Spannung auf die Bergtour gewichen. Ruhe. So war es immer schon gewesen. Auf gemeinsamen Waldspaziergängen, auf Paddeltouren oder früheren Autoreisen. Wenn die ganze Familie unterwegs war, gab es von zuhause bis zum Mittelmeer keine Minute ohne Lärm, Streit oder dem sinnlosen Geplapper seiner Schwestern.

Der Regen wurde nun stärker. Die kleinen Wischerblätter des Mietwagens mühten sich verzweifelt. Sie hatten das nördliche Ende des Sees erreicht. Von den umliegenden Hängen sah man nur die kargen Ansätze. Farn, Gräser und graue Felsen verschmolzen mit den tief hängenden Wolken zu einem grauen Nichts. Gelegentlich wanderten helle

Punkte umher. Schafe. Der Dauerregen schien ihnen nichts auszumachen. Gutes Fell für gute Pullover.

„Müssen wir da wirklich raus", fragte der Junge. Der Vater nickte: „Wenn wir schon mal hier sind." Die holprige Teerstraße war mittlerweile ein träge dahin strömender Fluss. Das Wasser spritzte zu beiden Seiten wie die Bugwelle eines Schiffes. Dann tauchten ein paar Häuser aus dem Dunst auf. Selbst der Efeu, der sich an den grau-braunen Steinen empor rankte, zeigte nur noch ein mattes Grün-Grau. Ein verwittertes Schild sagte Parkplatz, wies aber nach rechts auf einen See. Der Vater lenkte den Wagen so dicht wie möglich an die grobe Trockenmauer aus von Flechten überzogenem Granit, dass er zwar sehr schräg, aber immerhin zur Hälfte auf dem Trockenen stand. Er mahnte seinen Sohn, die Tür vorsichtig zu öffnen. Die Steine in der Mauer waren sehr scharfkantig. Der Junge rollte mit den Augen und verließ das Auto auf der anderen Seite. Wäre er nie drauf gekommen. „Wollen wir nicht einfach zurückfahren?" fragte er.

Sein Vater zog sich gerade die Regenjacke an. „Nein. Ist doch ein Abenteuer. Hast du die Schokolade eingepackt?" fragte er und kontrollierte lieber noch mal den Inhalt eines blauen Rucksacks, den er seit seiner Jugend besaß. Mit den Fingern fuhr er an einer Naht entlang. „Hier ist ein großer Riss", stellte er fest. Sein Sohn zuckte mit den Schultern.

„Ich hatte dich doch gebeten, vorsichtig mit dem Rucksack umzugehen."

„Bin ich, antwortete der Sohn. Das Ding ist alt. Der Vater schüttelte den Kopf. „Alles, was ich euch gebe, geht kaputt." Der Junge zog die Kapuze mit einem starken Ruck zu, sagte aber nichts. Er kannte das schon.

Der eigentliche Aufstieg begann bei einer Brücke, zwei Kilometer zurück auf der Straße. Doch auf der Wanderkarte, die der Vater in der Touristeninformation in dem Örtchen am Eingang des Tales gekauft hatte, meinte er eine Abkürzung zu erkennen. Der Junge dachte, dass die dabei zu überquerenden Bäche bestimmt recht tief sein müssten, sagte aber nichts. Er wusste, was sein Vater von seinen Kartenlesefähigkeiten hielt.

Bereits nach wenigen hundert Metern waren ihre Hosen und die Wanderstiefel völlig durchnässt. In normalen Jahren mochten die Bäche Rinnsaale sein, die man von Stein zu Stein hüpfend, queren konnte; jetzt waren es trübe reißende Ströme. Von dem alten ausgefahrenen Traktorweg, dem sie folgten, ragte nur der Grasstreifen in der Mitte aus dem Wasser. Furten waren nicht zu erkennen. Die ersten beiden Bäche durchwateten sie an Stellen, an denen ihnen das Wasser nur bis zu den Knien ging. Auf der Suche nach geeigneten Passagen verschwanden sie bis zum Bauch in Stechginster und Farn. Der Junge sah, wie sich sein Vater an einem Stacheldraht auf einer Mauer die Hand aufschnitt, erwähnte dies aber nicht. „Lass uns umkehren", schlug er vor, doch der Vater stapfte weiter durch den Matsch. Wassertropfen hingen an seiner Kapuze und seiner Nase. „Nicht immer so schnell aufgeben", sagte er. Erst als der dritte Bach bis an seinen Schritt reichte, drehte er sich fluchend zu seinem Sohn um, schimpfte auf die ungenaue Karte und schlug vor, es doch über den angegeben Weg zu versuchen. Habe ich doch gleich gesagt, verkniff sich der Junge.

Als sie an ihrem Wagen vorbeikamen, sah der Sohn seinen Vater an. Die Frage, ob man die Tour nicht abblasen sollte, erübrigte sich beim Blick in dessen Gesicht. Der nasse Stoff ihrer Hosen rieb zischend aneinander, als sie am Rand der überfluteten Straße zur Brücke marschierten. Ein kleines Holzschild wies in Richtung Berg: Scafell Pike 5 Meilen. Der Vater klatschte mit den feuchten Händen: „Nun geht es los." Vorbei an einem Gehöft und einem kleinen Zeltplatz, der jetzt im Frühjahr verlassen auf schöneres Wetter wartete, erreichten sie ein Gatter, hinter dem sich ein Trampelpfad steil einen Hang hinaufschlängelte. Der Junge stöhnte. „Da müssen wir rauf?"

„Trink was", sagte sein Vater, doch der Junge schüttelte den Kopf. „Trink was", insistierte der Vater. Der Junge nahm ein, zwei kleine Schlücke und stopfte die Flasche zurück in den Rucksack. „Ist das steil", wiederholte der Junge. Der Vater lachte, fing allerdings bereits nach wenigen Metern an zu keuchen. Immer öfter machte er daher eine Pause. Um zu fotografieren, sagte er und kramte jedes Mal umfangreich in dem Rucksack. Zeitgewinn. „Soll ich ihn tragen?" hatte der Junge gefragt, doch der Vater hatte verneint. „Geht schon." Sein Rücken war warm und feucht und er fror, wenn er den Rucksack abnahm. Der Pfad querte einen Wildbach. Die Brücke war abgebaut worden, um sie in der Zeit der Schneeschmelze zu schützen. Vor dem Sommer würde sie wieder aufgebaut werden. Der Junge wartete bereits auf seinen Vater, suchte mit den Augen nach einer geeigneten Stelle, an der man zur anderen Seite gelangen könnte. „Da kommen wir nicht rüber", sagte er. Als der Vater wieder Luft hatte, zeigte er nach oben: „Wir suchen bergaufwärts."

„Dann finden wir den Weg vielleicht nicht wieder", erwiderte der Sohn.

„Nicht aufgeben, Junge. Beißen", sagte der Vater.

Ohne Pfad stolperten sie noch langsamer als zuvor lange bergan, ehe der Vater den Übergang an einer Verbreiterung des Baches wagen wollte. Hier war die Strömung nicht ganz so stark, wirkte das Wasser nicht ganz so tief. Um sie herum gurgelte es. Über kleine grüne Inseln, rutschige Felsen und teilweise überspülte Steine erreichten sie die andere Seite. „Und nun?" fragte der Junge. Der Vater wies auf einen steilen Hang. Dahinter musste der Weg sein. Mühsam erklommen sie die Schräge. Gelegentlich rutschten sie zurück und fassten bei dem Versuch sich zu halten in frischen

Schafsdreck. Doch den Weg fanden sie nicht. Anhand der Karte meinte der Vater jedoch, die Richtung zu erkennen.

Ohne festen Weg wurde es immer anstrengender. Der Junge, der zu Beginn des Aufstiegs gestöhnt und gejammert hatte, ging nun voran. Seine Kondition war deutlich besser als die seines Vaters. Auch jetzt sprachen sie wenig, doch nun lag es an der fehlenden Kraft. Teilenswerte Eindrücke gab es trotz des Nebels genug, der in der Höhe dem Regen Platz gemacht hatte. Dafür wurde es windiger. Es zog durch jede Ritze der durchnässten Kleidung.

„Wohin jetzt?" fragte der Junge, als sie einen Pfad fanden. Es war nicht sicher, ob er von Menschen oder Schafen getrampelt worden war. „Wir wollen auf den höchsten Berg Englands", keuchte der Vater, „also immer nach oben." Plötzlich standen sie vor einem steil aufragenden Einschnitt. Große Geröllbrocken schimmerten in diffusem Grau. Am Rand, in den dunklen Stellen zwischen Fels und losem Gestein, lagen Schneereste. Der Wind pfiff ohrenbetäubend, seine Intensität durch den engen Schnitt verstärkend. Der Vater kämpfte mit der Karte, die wie eine Schiffsflagge schlug. Es war, als ob der Sturm die Atemluft an seinem Mund vorbei sog. Keine Erholung. „Da müssen wir rauf", sagte er unsicher.

Unendlich mühsam kletterten sie von Fels zu Fels. Auch der Junge war nun am Ende seiner Kräfte angelangt. Immer wieder rutschten sie ab. Die Wunde an der Hand des Vaters blutete erneut, von den scharfkantigen Felsen aufgeritzt und von der Kälte gerötet. Bei jedem Schritt hörte der Sohn seinen Vater murmeln. „Ich – kann – nicht – mehr." Manchmal blieb er minutenlang stehen und starrte blickleer ins graue Nichts. Zur Erschöpfung kam nun richtige Todesangst. Was, wenn ich hier einen Herzinfarkt bekomme? Der Junge sah seinen Vater an. Die Stoffhaube, die er trug, verdeckte alle Haare und ließ ihn krank und hinfällig erscheinen. Das erste Mal machte sich der Junge richtige Sorgen. Was, wenn sein Vater hier zusammenklappen würde?

Nach einer gefühlten Ewigkeit hatten sie den Einschnitt geschafft. Sie kamen auf einen schmalen Sattel. Felsen, Matsch, etwas Gras. Der Junge hatte nicht erwartet, dass der Wind noch an Stärke zunehmen konnte. Und nun, fragte er. Zur Rechten ragte nach wenigen Metern ein Steilhang aus dem Nebel, fast schon eine Felswand. Links verlor sich der Sattel in den Wolken. Der Vater wandte sich der Wand zu und begann zu klettern. Unendlich langsam, doch trotzdem rutschte er ab. Auch wenn er nur wenige Zentimeter fiel, plumpste er keuchend zu Boden. Sein Sohn sprang hinzu, fragte: „Alles klar?" Der Blick seines Vaters erschreckte ihn. „Es geht schon. Weiter." Sagte sein Mund, doch sein Körper sprach andere Worte. Der Junge schüttelte langsam den Kopf. Als er zu sprechen begann, stand sein Entschluss fest. „Wir kehren um. Das hat keinen Zweck."

Der Vater sah ihn an, nickte endlich, sagte aber: „Der Berg ist keine tausend Meter hoch. Da kann man nicht scheitern."

„Wir können", erwiderte der Sohn mit fester Stimme. Er nahm den Rucksack und kramte die Feldflasche hervor. „Trink was!"

Der Vater starrte seinen Sohn an, nahm aber einen Schluck. Dann erhoben sie sich mühsam zurück in den Wind. Gemeinsam kämpften sie sich durch den Sturm zur Scharte, die sie vor ein paar Minuten so mühsam durchstiegen hatten.

Der Abstieg dauerte fast noch länger als der Aufstieg. Immer wieder rutschten sie ab. Stützten sich gegenseitig. Endlich erreichten sie den Fuß der Scharte, doch die leise, kraftlose Freude darüber währte nur kurz. Beide konnten sich nicht mehr erinnern, aus welcher Richtung sie vorhin gekommen waren. Die Felsen waren jetzt nicht mehr, wie noch vor ein paar Stunden, toll, super, eindrucksvoll, sondern sahen nur noch gleich aus. Mögliche Bezugspunkte versteckten sich im Nebel. Sie kamen auf eine Wiese. Sattes grünes Gras, Moosflicken. Ein paar Schafe glotzten sie an, der Sturm zerzauste ihr weiß-graues Fell. Sie hatten jedoch keinen Sinn für die pittoreske Szene. Der Vater dachte nicht einmal mehr an das Fotografieren. Dafür bekam er nun Wadenkrämpfe. Ich bleibe hier einfach so stehen, dachte er. Er merkte gar nicht, dass er es auch sagte. Nach einer Weile rief der Junge plötzlich, dass er den Weg gefunden hätte. Zumindest einen Pfad und Schokoladenpapier. Das würde ja wohl eher auf Menschen, als auf Schafe hindeuten. Er nahm die Karte, die mittlerweile wie ein Wischlappen aussah. Blickte sich um. Für einen kurzen Moment wurde es heller. Ein Hang wurde sichtbar, zwei Bäche, die zu Tal rauschten. Der Junge nickte. „Da lang", sagte er bestimmt. Der Vater erhob sich mühsam. Der Junge bot ihm ein Stück Schokolade an. „Iss das."

Langsam kehrten die Lebensgeister in den Vater zurück. Wie in einer kleinen Seilschaft, durch ein unsichtbares Band verbunden, stapften sie Richtung Tal. Der Weg wurde breiter, gelegentlich unterstützten grobe Stufen aus glitschigem Fels den Abstieg. Der Junge schien die Hauptroute gefunden zu haben. Die Andenken an die letzte Saison wurden häufiger. Chipstüten, Cola-Dosen, eine Sohle. Tatsächlich, sie kamen an den Bach, an dem sie vor Stunden so mühsam einen Übergang gesucht hatten. Der Junge ging jetzt einfach hindurch, hielt nicht einmal an. Die Schuhe waren sowieso durchnässt. Der Vater stoppte. Als der Junge auf der anderen Seite war, nahm er ein langes Kantholz von dem Material, das zum Wiederaufbau der Brücke im Sommer dienen würde und reichte es seinem unschlüssig am anderen Ufer stehenden Vater. „Los, ich helfe dir." Der Vater ergriff nach kurzem Zögern das Holz und tastete sich vorsichtig durch das rauschende Wasser. „Danke", sagte er.

Bald erreichten sie das Gatter, dann den verlassenen Campingplatz. Auf dem Asphalt der Straße blieb der Vater breitbeinig stehen, stützte die Hände auf die Oberschenkel. Geschafft. „Ich wäre am liebsten da oben geblieben", sagte er.

„Ich weiß", erwiderte sein Sohn. Der Vater grinste ihn an. „Hol den Wagen, Harry." Danke, sagte der Junge erstaunt. „Nein, ich habe zu danken", antwortete der Vater.

Frühlingsregen

Obwohl er sich unter zwei Bettdecken gekuschelt hatte, fühlte es sich unangenehm und feucht an. Der Regen in der Nacht hatte immer wieder gegen die Schlafzimmerscheibe geklatscht und den Mann geweckt. Er hatte sich von einer Seite auf die andere gewälzt. Geschwitzt und gefroren. War aufgestanden, hatte in einer Regenpause einer Katze beim Mäusejagen zugeschaut, Wasser getrunken, Wasser gelassen. Kreise im Wohnzimmer gedreht. Sich Sorgen gemacht. Wegen der Kinder, wegen des Geldes. Im Büro lagen überall Broschüren zum Thema Kündigungsschutz herum. Die Geschäfte liefen schlecht. Auch in seiner Ehe war es schon besser gelaufen, oder? Immer machte er sich Sorgen. Immerhin machte ihm auch das schon Sorgen. Seine Frau hatte ihm empfohlen, zum Arzt zu gehen. Tolle Idee: Wenn der nun etwas Schlimmes finden würde?

Er war gerade wieder eingeschlafen, als der Wecker in seinen Traum fuhr. Benommen stand er auf, duschte, machte sich sein Pausenbrot, trank ein Glas Orangensaft. Seine Frau schlurfte in die kleine Küche, gab ihm einen flüchtigen Abschiedskuss und fing an, die Schulbrote für die Kinder zu schmieren. Die angeblich sonnigste Stimme der Stadt versprach dichte Bewölkung. Es sollte trocken bleiben. Regenwahrscheinlichkeit nur 10 Prozent.

Als er das Haus verließ, peitschte ihm eine Windböe diese Zehntel-Wahrscheinlichkeit ins Gesicht. Er schlug den Kragen hoch, duckte sich in den feuchten Nordwest und ging los. Der Kalender hatte etwas vom Frühlingsanfang gemurmelt, doch es fühlte sich wie Herbstausklang an. Die Bushaltestelle war nicht weit, doch es genügte dem Regen, um seine Hose zu durchdringen. Von weitem sah er den Bus vorfahren. Er fing an zu laufen. Seit sie aus einer ökologisch-ökonomischen Einsicht den zweiten Wagen verkauft hatten und er auf öffentliche Verkehrsmittel umgestiegen war, besaß er eine Monatskarte, eine Proficard. In seiner Zeitplanung jedoch vertat er sich regelmäßig. Amateurhaft. Der Busfahrer fingerte schon am Türschließknopf herum, als er mit einem atemlosen „Morgen" in den tuckernden Bus sprang. Für ein „Guten" hatte er keine Luft mehr. Früher war er besser in Form gewesen, dachte der Mann besorgt.

Die wenigen Fahrgäste sahen ihn an, als ob er ihnen mit der kurzen Wartezeit des Busses wertvolle Lebenszeit gestohlen hätte. Mittlerweile waren es bekannte Gesichter. Stimmlose Gesichter, denn obwohl man sich jeden Morgen traf, gab es keine Begrüßung, kein Wort. Weder ein Nettes, noch ein Genervtes. Meistens stand man am Kantstein, blickte zum Bus, auf den Asphalt oder irgendwo in sich selbst. Er fragte sich, was die anderen Leute so machten. Sie fuhren sicher zur Arbeit. Doch was taten sie den ganzen Tag? Waren sie zufrieden damit? Und fragten sie sich, was der Mann, der so oft zu spät kam, den ganzen Tag so machte? Vielleicht dachten sie auch gar nichts, während sie auf die vorbeirauschenden Vorgärten starrten, den MP3-Player

aufsetzten oder in achtlos liegen gelassenen Morgen-
zeitungen oder zu Recht aussortierten multi-media
Werbebeilagen blätterten.

An den nächsten Stationen füllte sich der Bus nur langsam.
Der Mann fragte sich, nach welchem Prinzip die Wagen
ausgewählt wurden. Manchmal war es der hypermoderne
Wasserstoffbus mit seiner fröhlichen Dampfwolke, dann gab
es die verschieden Typen mit unterschiedlichsten
Sitzanordnungen und gelegentlich fuhr sogar ein Gelenkbus
die wenigen Passagiere aus der ruhigen Vorstadtsiedlung in
Richtung Stadt.

Jetzt stieg die Frau mit den fettigen Haaren ein. Einen
Moment stockte sie. Mit einem finsteren Blick musterte sie
den Jungen, der auf ihrem Platz saß. Dann frühstückte sie
wie immer im Bus. Aus einer großen Umhängetasche kramte
sie einen Löffel und einen Joghurt hervor, den sie zwischen
zwei Haltestellen hastig verschlang, ehe dann ein Bekannter
zustieg und sie bis zum Bahnhof redeten. Die beiden hatten
scheinbar Themen genug, dachte der Mann und verlagerte
sein Interesse auf den schlaksigen Fahrgast, der mit großer
Hingabe seine Hände eincremte. Er wusste nicht warum,
doch es nervte ihn. Die Gründlichkeit und Ausdauer, mit der
jeder Finger, jeder Fingerzwischenraum und die Handflächen
bearbeitet wurden, störten ihn. Ja, und noch mal. Ganz
langsam wurde die Creme verteilt, wie in Zeitlupe. Der
Ehering gedreht, damit auch die Haut darunter die ihr
zustehende Pflege abbekam. Die Gedanken ließen ihn erst
los, als der Lehrling oder Berufsschüler mit der blauen
Bomberjacke zustieg. Nanu, heute hatte er keine Mütze auf.
Frühlingsanfang? Und er hatte Haare! Sie schmiegten sich an
den runden Schädel wie ein blassbrauner Helm, ohne
jeglichen Wirbel, wie abgekaut. Er sah nun wie ein
pummeliges Schulkind aus. Beim Aussteigen am Bahnhof
drängte der Junge immer als erster zur Tür, hetzte ein paar
Meter zum nächsten Bus, während der Mann mit den

anderen Fahrgästen, wie immer die rote Fußgängerampel ignorierend, durch den leichten Regen zur S-Bahn ging. Irgendwann würden sie alle einen Strafzettel bekommen, dachte der Mann und blickte besorgt zur nahe gelegenen Polizeiwache.

Um auf den Bahnsteig zu gelangen, musste man über eine Brücke gehen. Am Nachmittag standen hier immer Männer, die freundlich und wortreich um Tageskarten bettelten. Oder stumm um Seelen, den Wachtturm der Zeugen Jehovas vor der Brust. Jetzt hing auf halber Treppe nur eine unglaublich dicke Frau fest, wie ein Bergsteiger, der mitten in der Steilwand Angst bekam und weder nach oben oder zurück konnte. Sie schnaufte und klammerte sich an das Geländer. Eine Amsel begleitete ihr Schnaufen mit einem Frühlingsträllern.

Die elektronische Anzeige über dem Bahnsteig versprach die Abfahrt in einer Minute. Tauben gurrten, saßen neben spitzen Dornen, die ihre Anwesenheit eigentlich verhindern sollten. Am Kiosk hatte sich eine aufgeregt zur Uhr blickende Schlange gebildet. Zug oder Zeitung? Der Mann ging weiter. Die Morgenzeitung müsste warten und auch ein Franzbrötchen oder etwas anderes Süßes würde es heute nicht geben. War auch besser für die Figur. Langsam machte er sich Sorgen um seine Zuckerwerte.

Er drückte auf den Türöffner. Mit einem Zischen glitt die Tür zur Seite. Ein Schwall warmer Luft empfing ihn. Warme, abgestandene Luft mit einem Hauch Knoblauch. Ein letztes Abteil oder wie man die abgeteilten Sitzgruppen nannte, war noch frei. Vielleicht weil auf dem Mülleimer ein kleiner Blumenstrauß eine traurige Geschichte erzählte. Er plumpste auf das Kunstleder. Die Bank knarrte. Seine nasse Hose klebte an den Oberschenkeln. Hoffentlich holte er sich keine Erkältung. Der Waggon roch nach Grippe. Der Mann sah sich um. All bases loaded. Keine Ahnung, warum ihn diese

Formulierung aus dem Baseball in den Sinn kam. War gar nicht sein Sport. In jedem Abteil saß genau eine Person. Eine perfekte Ordnung, die aber schon am nächsten Bahnhof zerstört werden würde. Er vermisste die Ruhe und Abgeschiedenheit seines Autos, obwohl: Da alle einzeln saßen, sprach auch niemand. Wenn nicht im letzten Moment noch die Frau mit der lila Baskenmütze und der Tarnkleidung zusteigen würde, die mit niemanden außer sich sprach, aber alle an ihren Gedanken teilhaben ließ. Und daran, wie ihre Gedanken zustande kamen, was sie auslösten, was sie bewirkten, wo sie in ihrem Gehirn abgelegt wurden.

Es duftete jetzt nach Kaffee. Manche brachten Thermosbecher von Zuhause mit, andere stellten ihre To-Go-Becher aus dem Kiosk auf den metallenen Mülleimern ab und versteckten sich hinter ihren Zeitungen. Der Magen des Mannes knurrte und er griff zu seinem Buch. Sein Lesezeichen, ein alte Kinokarte, fiel zu Boden. Er ließ sie in einer undefinierbaren Pfütze liegen.

Auf der Hälfte der Strecke stieg ein altes Ehepaar zu und wollte ausgerechnet in seinem Abteil Platz nehmen. Beide zogen Koffer hinter sich her. Wie dicke, alte Dackel. Der Mann zog seine Beine ein und nahm den Rucksack auf den Schoß, doch sie setzten sich nebeneinander, ihm gegenüber. Die Frau war hässlich. Strähniges graues Haar, mehr Bart als ihr Mann und eine Warze auf der Wange. Sie saß leicht vorgebeugt, so als suche sie das Gespräch, doch sie starrte nur in die Zukunft oder die Vergangenheit oder auf den Umschlag seines Buches. Ihr Ehemann starrte auch, ins Nichts oder auf die Werbung für eine Sprachschule, saß angelehnt da in seinem Übergangsblouson in beige, aus 65% Polyester und 35% Baumwolle. Es war nicht zu sagen, ob die beiden wegen des gesunden Reizklimas in den lang ersehnten Urlaub nach Wangerooge fahren würden, da, wo sie sich vor vielen Jahren kennen gelernt hatten oder auf dem Weg zum Schwiegersohn nach Marl waren, weil die Tochter ja mit dieser schlimmen Frauengeschichte im Krankenhaus lag und sich schließlich jemand um die Enkel kümmern müsse. Die beiden blieben stumm. Verzogen keine Miene. Sagten nichts, schienen nichts zu hören oder zu sehen. Wo ist der dritte Affe, fragte sich der Mann. Und sorgte sich. Würden seine Frau und er in wenigen Jahren genauso sprachlos miteinander schweigen?

An der vorletzten Station, bevor er aussteigen musste, stand eine große, blonde Frau auf dem Bahnsteig. Der Mann war augenblicklich fasziniert von ihr. Es war nicht nur ihr Äußeres, ihr kurzer Rock, der ihre wohlgeformten langen Beine in den lässigen Stiefeln zur Geltung brachten oder ihr sehr enges Oberteil, das ihr aber kein billiges, sondern ein elegantes Erscheinungsbild verlieh. Es war ihre Ausstrahlung. Frühling, dachte er. Eine Blume. Sie strahlte von innen. Zufrieden, aber nicht selbstzufrieden. Selbstbewusst, aber ohne überhebliche Selbstzufriedenheit. Die Frau hatte blaue Augen und einen sinnlichen Mund mit zarten Falten auf den Wangen. Ihr Lächeln schien den Waggon zu erleuchten. Eine Sonnenblume. Sie setzte sich vorsichtig auf die Kante ihres Sitzes. Er seufzte unhörbar und ließ sein Buch auf den Schoß sinken. Gedankenversunken. War sie auf dem Weg in ein kühles Büro? Oder wartete am Ende der Zugfahrt ihr Freund sehnsüchtig auf sie?

Plötzlich wendete sich die alte Frau ihm gegenüber ihrem Mann zu und griff unvermittelt an dessen Arm. Das erste Mal lächelten beide und fast zärtlich zog sie wortlos und behutsam einen Ziehfaden aus einer Naht am Handgelenk. Aus dem Nichts. Die Geste rührte ihn. Woher hatte sie das gewusst? War da doch etwas hinter dem Schweigen? Dem gemeinsamen Schweigen?

Er blickte wieder zur blonden jungen Frau. Ein ganz, ganz klein wenig war er verliebt und er spürte nur ein ganz, ganz wenig sein schlechtes Gewissen. Sie war zu jung, zu fremd, zu groß, aber er spürte etwas in sich, etwas Schönes, wieder Erwachendes. Eine flüchtige Liebe, ganz ohne Schmerz und Hoffnung. Seine Frau kam ihm in den Sinn, ein gemeinsamer Urlaub in Frankreich. Blühende Frühlingswiesen, weiße Pferde. Wärme. Glück.

Am Hauptbahnhof stieg er aus. Ließ die beiden Alten nach Wangerooge fahren und die Blonde zu ihrem Geliebten. Anstatt zum nächsten Zug zu hetzen, gönnte er sich einen Kaffee, sogar mit Zucker und ein frisches Franzbrötchen. Ohne Schokolade, er wollte nicht übertreiben. Zum ersten Mal erfüllte ihn die Bahnfahrt zur Arbeit mit Freude. Im Zeitungsladen kaufte er ein Gartenheft mit wunderschönen Fotos blühender Frühlingsgärten. Für seine Frau.

Ohne schlechtes Gewissen nahm er den übernächsten Zug. Ein paar Minuten Verspätung würden ihn schon nicht den Job kosten. Eine junge Frau grinste ihn an und etwas verlegen wischte er die Krümel des Franzbrötchens von seiner Jacke. Als er ausstieg, regnete es immer noch. Obwohl der Bus mit geöffneten Türen wartete und behagliche Wärme auf den Gehsteig strahlte, entschied sich der Mann, die drei Stationen zu Fuß zu gehen. Er würde sich schon nicht erkälten. Der Frühlingsregen prasselte auf seine Kapuze wie ein Sommergewitter auf das Zelt, in dem seine Frau und er in Frankreich geschlafen hatten.

Obwohl alles feucht war, fühlte sich der Frühlingsregen angenehm an.

Through renunciation:

Ich danke meiner Frau, die mein Schreiben bedingungslos unterstützt und mich immer wieder ermutigt, zur Feder (zur Tastatur!) zu greifen. Für niemanden (damit entschuldige ich mich bei allen Leserinnen und Lesern, denen das Buch gefallen hat), macht es mehr Spaß zu schreiben.
Und danke auch noch einmal dafür, dass ihr sogar in Weltwörtern wie
„Diodenbatterieleuchtenrücklichtwaisen"
ein fehlendes „t" aufgefallen ist.

Ich danke allen, die mich ermutigt haben, diese Texte zu veröffentlichen und an weiteren Büchern zu schreiben.

Ein Dank geht, leider zu spät, an Bernd Möhlmann, der mich sehr inspiriert hat.

Und ich danke meiner Tochter Vigdis für ihre tollen Zeichnungen und hoffe sehr, eines Tages mit ihr eine gemeinsame Ausstellung oder Lesung oder Ausstellungslesung zu veranstalten.

Ganz zum Schluss eine Bitte:
Für englischsprachige Freunde denke ich an einen Geschichten-Band auf Englisch. Wer jemanden kennt, der Lust hat, ohne Honorar, vielleicht gegen ein schönes Essen, eine Suppe zum Beispiel, ein paar meiner Geschichten ins Englische zu übersetzen, möge sich bitte bei mir melden.
Aber bitte nicht dieser Herr Google. People soup könnte ich noch allein hinbekommen!

Doch noch was.

Brandaktuell.

Déjà-vu-artig.

Gestern. Nachtdreh im Amtsgericht. Nach unzähligen „Danke", „Bitte", „kommt zur Ruhe", „leise", „noch mal" oder „wir checken" werden wir Komparsen schon um 2 Uhr 30 nach Hause entlassen. Den Kopf voller Eindrücke, die Blase voller Kaffee, den Bauch voller belegter Vollkornschnittchen (Brötchen gab es selbstverständlich nur fürs Team!) und die Taschen voller Geld: Gage, Zuschläge für Überstunden, die Nacht und eine mitgebrachte Fotoausrüstung, die gar nicht zum Einsatz kam.

Die Stimmung kann gar nicht besser sein.

Oder doch?

Ein letzter mitleidiger Blick auf die Techniker, die noch Stunden ihre Ausrüstung zusammenpacken und Assistenten, der unseren Abfall zusammenkehren müssen. Erschöpfte Geräusche, die durch die langen Flure der Ziviljustizbarkeit hallen. Schauspieler busseln sich zum Abschied, Komparsen fragen nach Mitfahrgelegenheiten.

Und als ich die schwere Eichentür zum Hof öffnen möchte, steht plötzlich Barbara Auer da, hält mir die Tür auf und lächelt mich liebenswert und wortlos an.

Ich sage nur: Danke.

Wir sprechen nicht viel, Barbara Auer und ich.

Dafür kennen wir uns schon zu lange.